どんなに障害が重くとも

1960年代・島田療育園の挑戦

明神もと子

大月書店

はじめに

1961（昭36）年5月、東京都下の多摩丘陵に日本で初めての重症心身障害児施設島田療育園（現島田療育センター）が開園しました。小林提樹《ていじゅ》は初代園長として13年間、重症児の療育に当たり、重い障害をもつ子どもたちの医療と福祉の道を切り開きました。

私は1965（昭40）年から1970年まで、島田療育園に児童指導員として勤めていました。障害児医療や相談活動にすでに30年以上の経験を持つ小林園長から学んだ医療と福祉の考え方は、退職後の私を支えてくれ、心の中でいまもなお子どもたちや小林に問いかけることを続けています。一方で、同じ重症心身障害児施設である、びわこ学園の職員との交流によって、糸賀一雄、田中昌人らの発達保障の思想に学んでいました。

障害の重い子どもたちの教育は、その基盤において、医療や福祉が十分保障されてこそ可能になるものです。今、1960年代の黎明期の島田療育園の役割は何であったかと考えます。小林提樹は良質の医療と福祉を一体化させ、同時期に近江学園園長の糸賀一雄が発達の保障という理論を構築したことで、日本の重症児療育は医療と福祉から教育へと歩みを進めていきます。二人に共通するのは障害児に対する深い共感と愛であり、ヒューマニズムでした。

当時、障害児をかかえた親たちの切実な願いは専門施設を作ってほしいというものでした。地域には、在宅の障害児と家族を支援する場も施策もありませんでした。島田療育園はいつも厳しい運営と財政難にあえいでいました。命を守ることから始まり、医療も福祉も教育的働きかけも必要でした。寝たきりの子どもや動きの多い行動障害の子ども、知的障害はないが重い運動障害の子どもなど障害の状態もいろいろでした。既存の施設が受け入れない子どもたちの受け皿になり、５００名もの入園待機者がある状態でした。

１９６５年～70年は高度経済成長期であって「いざなぎ景気」といわれ、１９６８年には世界2位の経済大国に成長しました。その裏で、人命や環境が軽視されて、公害が悲惨な障害児（者）を生み出した時代でもありました。国民の要求が政治を動かして、生活や福祉を重視する革新自治体が各地に生まれました。

重症心身障害児施設については、秋津療育園、島田療育園、びわこ学園のような民間施設に続いて、国公立施設も設立されるようになりました。その一方で就学を求める運動が広がっていきました。

１９６７（昭42）年、児童福祉法に重症心身障害児施設が加えられて、重症児福祉にはじめて法律的な根拠が与えられたのでした。遅れること12年、１９７９年（昭和54）年に養護学校教育義務制になり、重症児は医療、福祉と教育を公的に保障されるようになりました。一言でいうなら、１９６０年代は障害の重い子どもたちを「救済」することから、権利としての教育を発見して、発達と教育の権利を「保障」する道を歩む転換期であったといえましょう。

現在、島田療育園の歴史についての資料や小林の著書などたくさんありますが、実際に行われていた療育についてはほとんど知られていないように思われます。小林園長は別として、だれもが素人で、ゼロからスタートの重症児療育でした。本書では小林の指導を受けながら、深い愛情を持って子どもたちの命と生活を守った勤務者たちの視点から、当時の療育実践をリアルに紹介したいと考えました。また、未知の世界にとびこんだ一人の児童指導員が戸惑い、悩みながら「重症児療育とは何か」を探し求めた記録でもあります。

第１章と第２章は１９６０年代の重症児施設創立前後の福祉と教育の状況を述べました。第３章から第９章までは島田療育園の療育の実際を私の経験と資料によって扱っています。サリドマイド児や知的障害のない子どもたちまで療育されていたことや、事故死などの不幸な事件が、その時代を反映しています。劣悪な環境条件において、愛と科学の療育をめざして、若い人たちが未到の世界に挑戦したのでした。第10章は秋津療育園、島田療育園とびわこ学園という黎明期の3施設の療育を紹介し、とくに小林と糸賀の思想を比較検討しました。小林の医療・福祉と糸賀の福祉・教育の思想が対立し、ときには共鳴しながら、教育保障の実現へと大きな流れになっていく過程に注目しています。最後に、現在の訪問教育について述べ、過去とつなぎたいと思います。

※当時使用されていた、障害や職名などの用語は、現在では不適切な表現とみなされて、使われないものがあります。本書では、文脈によって、当時の用語や原文をそのまま使っています。かつては、「ケア」や「支援」という言葉は使われていませんでした。「取り扱い」や「収容」ということばは今では不適切に感じられますが、当時はよく使われました。

「重症心身障害児」は厚生省（現厚生労働省）の用語であり、文部省（現文部科学省）が管轄の学校教育では「重度・重複障害児」を使っています。重症心身障害児を略して、重症児ということが多いのですが、小林は重障児も使用しているので、この用語も随時使うことにしました。当時、島田療育園では介護・看護にあたる職員を勤務者と呼び、在園児（者）を子どもと呼んでいました。表題の「どんなに障害が重くとも」は、小林園長の座右の銘から引用しました。

人物については、敬称と敬語的表現を省いています。子どもの名前は書物などで実名が公表されている場合を除き、仮名にしています。

目次

第3章　島田療育園の光景

第6章 重症児の発達をどうとらえたか

参考（引用）文献……259

1

1960年代の障害の重い子どもの状況

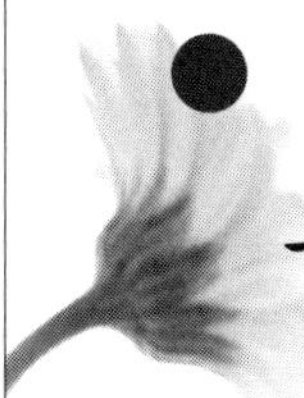

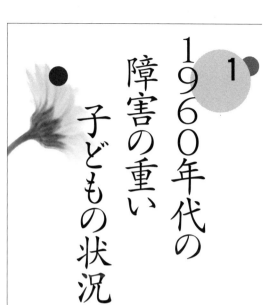

1　障害児と家族

●「飼い殺し」と座敷牢

1960年代の社会には、わが国の伝統的な障害者観や迷信が根強く残っていました。日本国憲法施行（1947）から十数年たって、経済成長路線をひた走りしていた時代にあって、一般の人たちの人権意識はまだ遅れていました。当時の映画や文学作品などには、今日からみると、驚くような差別的な用語や不適切な用語が一般的に使われていました。障害のある子どもは大人になっても労働力として期待できないので、社会にとって役に立たない存在とみなされており、養育することは「飼い殺し」と言われました。家庭で、障害児を人目にふれないように、蔵や一室にとじこめて、養っていたのが「座敷牢」です。「片輪者」「穀つぶし」「生ける屍《しかばね》」など耳を覆いたくなるようなことばが配慮されずに使われていました。これらのことばの背景を考えていくと、社会的な支援もないまま、障害児を家庭で、ひっそりと隠れるように養育していたこと、家族だけに重い責任が負わされていた様子が浮かび上がってきます。

医学が未発達だったため、障害が科学的に解明されていないことも、偏見や怖れを助長する原因になっていました。障害児がどこの家庭にも生まれる可能性があるとは考えられなかったのでした。このような偏見と血統を重視する家族観が結びついて、差別視になりました。サリドマイド障害児が生まれた時に、親がうけた驚愕と絶望は想像に難くありません。母親には死産と知らせて、遺棄するあるいは施設に移した例が伝えられています。日本のサリドマイド児は、外国に比べて、生存率が低いのですが、生きることが許されなかった子どもたちがいたのではないかと推測されます。

●偏見と差別

当時は一般の人たちは原因のわからない障害を遺伝と考えていたので、母親が親族から責められ、距離を置かれたと言われています。島田療育園に入園できたケースでも、園からの自宅あての郵便物は園の名前を出さないで、ケースワーカーの名前で送られていた家族もありました。

障害児の世話のために家業に支障をきたし、母親が過労で病気になることもありました。捨て子や、無理心中の悲劇もありました。社会には障害児を見た大人が子どもに「悪いことをすると、あんなふうになるよ」と言い聞かすようなあからさまな偏見と差別がありました。重い障害児と家族は教育と福祉の対象とされずに孤立していたのです。島田療育園の職員も見学者から、好奇の目を向けられました。見学に来たある女性医師の「こういう所で働く人はなにか事情があるのでしょうね」という感想について、人づてに聞いた私は児童指導員仲間と「私たちは幸せだからこの仕事ができるのに」と話していました。このことが、まわりまわって後援会だよりで美談として伝えられたのには驚きました。職員のささいな言動から、おおげさな美談が作られ、現実とはちがったイメージが社会に発信されていくのでした。美談の背景に、施設とそこで働く人たちへの特別視が感じられます。園長は幸福な人こそここで働いてほしいと考えていました。勤務者には「若い娘が働くところではない」と家族や親戚から反対されたのを振り切って就職したという人も少なくありませんでした。納得して、送り出してくれた親が周囲から非難されたこともあったのです。

逆の現象として、重症児のために働くことが過度に美化されることにもなり、マスメディアは「天使」と書きたてました。しかし、勤務者は「私たちは天使ではありません。ふつうの娘です」という気持ちでした。東京都東村山市の重症児施設秋津療育園にも秋田県から集団就職して、「おばこ天使」とよばれた人たちがいました。その一人で、保母助手の藤原陽子はつぎのように書いています。

わたしたちは天使ではないのだ。人間としての生命の尊厳を理解して、人間としてこの子どもたちといっしょに生きようとしているだけなのだ。それは、健康に生まれた人間なら、ことさらに肩ひじ張って考えなくとも、すなおに、そうしなければならないことだと思う。

〝天使〟などといわれたりするたびに、わたしは日本人の心の貧しさが悲しくなる。そんな発想でしか、わたしたちの仕事を受け止められないかぎり、この子どもたちは、しあわせになれないのだ。(『おばこ天使』)

1965年当時の島田療育園の職員宿舎は2つの病棟の2階にありました。1つの寮は4畳半の部屋に2人、別の寮は病棟を板で仕切った仮設の部屋で、やはり2人部屋でした。交代勤務で日中に睡眠を取らなければならないのに、階下から、子どもたちのにぎやかな声や音が聞こえてきます。やがて、敷地内の園舎から離れたところに、新築工事が始まり、1967年には全室3畳の個室を有する4階建の宿舎が完成しました。保護者からぜいたくだという声が聞こえてきたときには、私は悲しく思い、怒りも感じました。保護者の中には、福祉施設の職員は貧しくてあたりまえと思っている人たちがいたのです。このように、弱い立場の人が、互いに足を引っ張るようなことが福祉の現場にはあるようです。

私は、島田療育園を見学にきた障害児学級の担任教師を案内したところ、「(ここは) 飼い殺しですね」といわれて、嫌な気持ちになりました。その言い方には自分の受け持ちの生徒は就職できるが、障害の重い島田の子どもたちはここで「飼い殺し」するしかないというような優越感が感じられたのでした。障害児教育の教師でさえ、障害の程度で差別しているということを本人はそれとは意識していない様子でした。親たちの間にも、障害の重い子どもに対する差別観がありました。障害の原因である先天性と後天性、肢体不自由の有無、知的障害の有無などを、他児と比べては、「我が子はまだ、あの子よりはまし」と思わないではいられなかったのでしょう。福祉や教育の研究会で、「障害児を産まないために」が話しあいのテーマになるような時代でした。「障害の重い子どもほど、大切にされなければ、どんな障害児も大切にされない」と親が考えられるようになるまでに、もっと時間が必要でした。

1960年代はもはや、東京オリンピックや東海道新幹線の開通が国民に豊かさを実感させた時代でしたが、障害児・者に対する前近代的で非科学的な意識が、根強く残っていたのでした。一方で、民間人の手で、島田療育園、秋津療育園そしてびわこ学園がつくられたことから、重症児の福祉が社会に注目されるようになり、人々の意識も徐々に変わっていきます。はじめは、人道的な視点から施設が作られましたが、その後の歩みは、障害児を権利の視点からとらえるように人々の意識を変えていったのでした。

2　福祉と教育の状況

●福祉の状況

今日では、常時胃ろうと気管切開、人工呼吸器の管理とケアが必要な子どもでも、家庭での養育が可能になっていますが、それは訪問看護やヘルパー派遣などの地域における支援があるからです。家族が用事や休息のために、子どもを施設で短期間預かってもらうレスパイトサービスもあります。重症児を育てる苦労は今も変わりませんが、不十分ながら、家庭支援のシステムが発展してきました。

当時はこのような子どもの多くは病院にいて、回復の見込みがないため、退院をせまられて行くところがないという状況でした。子どもを保護して起こりうる不幸から家庭を救済するために、だれもが適切な受け入れ先としてまず、収容施設を考えたのでした。

60年代前半期においても、児童福祉法による障害児施設がありましたが、障害の重い子どもを受け入れることはできませんでした。知的障害の中度・重度の子は「教育不可能・訓練可能児」とみなされて、知的障害児（当時は精神薄弱児）施設に収容されましたが、最重度の知的障害児の施設は国立秩父学園があるのみでした。重度・重複障害児の受け入れ先はありませんでした。

当時は行動障害の強い、いわば「動く重症児」（小林のことば）や自閉症児は精神科病院に収容されていました。しかし、精神科は主に大人が対象で、法的な特例によって、一般病院より医師も看護婦（当時、以下同）も少ない配置でした。学問的には児童精神医学の学会もあって、自閉症についても活発に研究されていましたが、子どものための病院はほとんどない状態でした。病院によっては、特別なプログラムを作って治療を行っていた所がありましたが、小林は「障害は精神病ではない」との考えから、精神科で処遇するのは不適当と考えていました。

とはいっても、児童精神科を必要と考えており、「動く重症児」の行動を精神病的と説明することもしばしばありました。１９６０年の厚生白書は、肢体不自由者を収容してその更生に必要な治療及び訓練を行う施設は、国立1カ所、公立46カ所が設置されていると報告しています。肢体不自由児施設は訓練や治療により社会的に自立・就労できるような軽度の障害児が対象なので、運動障害の重い脳性まひの子どもは福祉も学校教育も受け入れを拒否されていたのでした。当時の肢体不自由児施設の療育は、整形外科治療とリハビリが中心でした。

小林はそのような児童福祉の実態について、つぎのようにはげしく批判します。

本来児童福祉とは、社会復帰は単なる一つの手段として考えるべきもので、社会復帰のみを目標とすべきものでもなく、まして社会復帰そのものであってもなるまい。こんな曲がった福祉精神は、しばしば人生拒否であり、人命尊重の否定でもある。福祉の大旗を掲げているだけに、ここにある矛盾は酷しく感じられる。(『島田療育園のあゆみ　4号』)

児童福祉法による施設が法律を柔軟に解釈することなしに、重症児の受け入れを拒否していた原因のひとつに、施設運営におけるきびしい財政事情があげられます。重症児の療育には多くの人手と経費がかかるために、重症児は「法の谷間」に落ちてしまったのです。子どもの受け入れ先をさがす児童相談所の福祉司の苦境を見かねて、重い障害児を日赤産院でひきとっていたということです。二つ目の原因として、重症児を療育するための技術がないということをあげています。さらに、児童福祉法の運用の背景には古来、日本には障害児を蔑視する精神風土があると強調しています。そのために人間的な愛情的な態度を持って、児童福祉法を受容的な拡大解釈で運用することができないのだというのです。

親たちは病院で、障害の告知を受けると専門的な治療や訓練を求めましたが、通院してマッサージを受けるくらいしかできませんでした。作業療法士、理学療法士や言語療法士の養成校が各地につくられるのは、しばらく後のことでした。水上勉の『車椅子の歌』には、通院で知り合った親たちが、行政担当者の協力のもとに、しだいにつながっていき、大きな集団になり、施設設立の要求に立ちあがる過程がリアルに描かれています。

就学免除の後の受け皿は福祉施設でしたが、当時の人的にも物的にも貧しい障害児施設には障害の重い子を受け入れる条件はありませんでした。障害のある子どもを中心にして、家族が心を合わせて前向きに生きている家族がある一方で、経済的困窮や親の病気など不利な条件が重なると、行政的な支援が得られないなかで、在宅での養育は窮地に立たされることになります。最悪の場合、家族の離散や、無理心中、子殺し、捨て子になるのでした。子どもにたいする専門的な療育とともに、家族を不幸から救済することが急務であったのです。

小林は診療を通して、「だれが、この母親の涙をぬぐうのか」と考えていて、法律上の制約や世間の常識を越えて、重症児とその家族を救済しようと立ちあがったのでした。自伝には座右の銘としてつぎのことばがあげられています。「この子は、私である。あの子も、私である。どんなに障害が重くとも、みんな、その福祉を堅く守ってあげなければと、深く心に誓う」

児童福祉法は全ての子どもが対象であるはずなのに、障害が重い子どもほど守られていないという現実に、激しい怒りと決意を表明したのでした。

●水上勉の「重症児救済」の訴え

1963年、作家の水上勉は『中央公論』に「拝啓池田総理大臣殿」という書簡ふうの文を寄稿して、政府の重症児政策を批判して、補助金の増額と施設の拡大を訴えました。このなかで、当時の島田療育園はつぎのように書かれています。

東京の南多摩郡多摩村落合中沢というところに、島田療育園という重症心身障害児の収容施設があります。

ここには約50人の盲、聾、唖、精薄、脳性マヒ、テンカン、奇型などの障害を、一身でいくつも背負っているかわいそうでみじめな子供が収容されています。こうした子供さんたちはダブル・ハンディキャップと言われて、人一ばい手がかかるために、一般の児童福祉施設や精薄児や盲、聾唖の施設などからしめだしをくったのです。ところが、ひとりの篤志家の決意によって設けられたこの施設に収容されることになったのです。（中略）

島田療育園の建物は、山をきり崩した中腹の平坦地に、まだ地ならしも完了していない赤土が出ている所です。粗末なていさいで建ってみえます。そこへ行く途中の道路は悪く、建物も貧弱で、寒々としてみえるのです。対岸にあるゴルフ場のキャディ宿舎の方がはるかに立派です。白いペンキのちった療育園の小さな窓は格子がはってあります。その窓の中に、手足のうごかない子供が50人もいるかと思うと、私はふっと、みどりの芝生を歩いている五体健康の私の身のありがたさに身をひきしめます。

身体障害のある幼い娘を持つ水上が万感の思いを込めて書いた島田療育園の姿は、哀れそのものです。つづいて、1965年には「びわこ学園や島田療育園をながめて、涙を流さぬ人はいないはずである」といって、つぎのように述べています。「生きとし生ける者すべてが幸せになるよう、恵まれた者は恵まれない者に手を貸し、相たずさえて明るい社会をつくらなければならないのは当然である」と（『おんもに出たい』）。１９６５年４月には、朝日新聞に「春の来ない谷間」という厚相あての文を寄せて、国の施策の遅れに抗議して、「政治の谷間に捨て置かれた重症児救済」を求めたのでした。水上の文は、救済を願う視点で、国に具体的な施策を迫るもので、その真摯な訴えは国や社会に大きな感動を与えて、福祉の推進力になったのでした。

国はその翌年、１９６６年度に国立重症児施設10カ所をつくる予算を決定しました。１９７１年３月、重症児施設は国立42カ所、公・法人立25カ所が整備されています。それでもなお、全国的には重症児の約３分の２は在宅で取り残されているのでした。

重症心身障害児施設は１９６７（昭和42）年「児童福祉法改正」以降「法に認められる病院でありかつ児童福祉施設」として整備されてきました。２０１０年現在、国立・国立病院機構74カ所、公立・法人立１２０カ所の合計１９４カ所、約１万９０００ベッドとなっています。

●学校教育と就学猶予・免除制度

１９６５年頃の特殊学級（現特別支援学級）と養護学校（現特別支援学校）に学ぶ障害児の数は障害児全体の１割弱に過ぎないと伝えられています。１９６５年頃、文部省（当時、以下同）調べによると、義務教育の就学免除、就学猶予の子どもたちは2万5000人です。法的にはいかなる学校からも見放された子どもたちで、その大部分が障害児です。

1953（昭和28）年文部省の「解説」は肢体不自由の定義について「治療を施し、教育をし、職業能力を回復してやれば、正業を営むことができる可能性のあるもの」としています。さらにつぎのように説明をしています。「従っていかなる方途を講じても、ぜんぜん正業を営む可能性を期待し得ないものは、この圏内から除外されることになる。すなわち今日の医学では到底機能を恢復させる望みのない疾患や、また知能の甚だしく低下したものは、肢体不自由というよりはむしろ不治永患という点から、別のわくに入れるべきである」「要するに厳密な意味で特殊教育の対象とする肢体不自由児とは、医学上機能回復の可能性があり、そしてその知能は正常なるものということに限定される」

文部省みずから、障害の重い子どもには憲法26条の教育を受ける権利を保障しないことを法的にあきらかにしたうえに、保護者が教育の義務をはたせないとして、就学猶予・免除を願いでなければならないとしたのでした。文部省のいう正業とはまともな職業のことであり、文部省みずから「不治永患」という用語を使っていることに驚かされます。

重症児施設の増設運動が進む一方で、重い障害の子どもにも就学の権利を保障する学校教育をという要求運動が高揚していきました。やがて、「わたしは不就学児の母になりません」という親たちの願いになり、教育を保障するのは国の義務であるという考えに転換していくのでした。「うちの子はあの子と違う」という差別観でバラバラだった親たちの意識が「どんな子どもも大切にされなければならない」というように変わっていくのでした。

特殊教育（当時）の現場では、国に先がけて、重症児や重複障害児に学校教育を広げる動きが全国各地で起こっていました。そのひとつの例として、新聞の取材に答えた東京都立江戸川養護学校の教師の話があげられます。この学校では親を説得して、障害の重い子どもを受け入れていたと伝えられています。

すべての子どもには教育を受ける権利があります。重症の子どもを教えることは技術的にむずかしいが、その権利の重さを思うと、私たちには、その子どもたちを受けとめる義務があります。（『おんもに出たい』）

※重症児施設が法的に認められたのは１９６７年、養護学校義務制がスタートしたのは１９７９年、ここに国の重症児対策のギャップがあります。福祉政策の下には伝統的な社会事業の「救済」の理念があります。はじめに、福祉と医療の手がのべられ、公教育がかなり遅れて実現されました。わが国の厚生省と文部省と

いう縦割り行政の特徴が現れています。

重症児に学校教育をというとりくみは福祉と教育の統一をめざすことでもあり、教育の機会均等の実現でもありました。

2 島田療育園の誕生

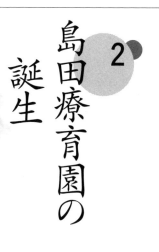

1　小林提樹の障害児診療・相談活動

小林は30歳のときから、慶応義塾大学付属病院で障害児の医療や相談にかかわっていました。戦後、1946（昭和21）年4月から東京の日赤産院の小児科医長になって、障害児の診療にあたりましたが、受診希望者は増える一方でした。そこで、「両親の集い」という親たちの会をつくり、機関紙『両親の集い』を発行しました。この会は親同士の交流や学習の場となりましたが、その後「重症心身障害児を守る会」となって、施設つくりや予算獲得の運動などで大きな役割を果たしました。この『両親の集い』誌は島田療育園の職員にとっては、重症児療育の総合的な専門誌で、唯一の参考書でした。

そのほかに母親の育児記録にコメントを書く親指導もしていました。診察室の外でも、障害児と家族を救済するため厚生省（当時、以下同）や政治家に、財界にと社会に働きかけました。どんなに重い障害があっても命が守られ、尊ばれなくてはならないという世論がしだいに広がってきました。

食事の時間もとれないほどの忙しい生活から、つぎのようなエピソードが伝わっています。散髪に行くといって出かけたのに、ハサミを買って帰ってきたので、以後、家で夫人が散髪をすることになったとか、娘さんたちは小林の仕事は書くことで、医師とは思っていなかったなどです。

日赤産院では小林の評判を聞いて、捨て子や重い障害児の入院児が増えていき20名にもなりました。それは重い障害児の医療と福祉を支える法律も施設もまったくない時代に、子どもと家族を救済し命を守るという人道主義、人間愛から発したことでした。

日赤産院に乳児院を併設して障害児を受け入れたのですが、2歳になると退院しなければならないという問題がありました。退院後の受け皿がなく、養護施設では受け入れが不可能でした。捨て子や、家庭での介護が困難で特別病棟に入院していた子どもたちでしたが、治る見込みのない障害児を病院に長く置くわけにはいかない、健康保険を使えないというのが病院の考え方でした。

2 島田療育園の創立

小林の診療を受けた島田良夫さんには重い知的障害とてんかんと多動があり、家庭での養育が困難な状態でした。両親は良夫さんのために、将来、「別荘を建てて、介護者をつけて世話をしてもらう」ことを考えており、それを聞いた小林は施設を作ることを提案しました。施設の名は1万坪の土地を寄贈した島田伊三郎（良夫さんの父）にちなんで、島田療育園となりました。入園第1号になるはずだった良夫さんは開園の前に、入所していた近江学園において不慮の事故で亡くなってしまいました。

小林の熱意にこたえて、島田夫妻をはじめ、多くの人たちの尽力により1961年（昭和36）5月、日本最初の重症心身障害児施設「島田療育園」（現島田療育センター）が開園しました。重症児施設の運営を支える法律は皆無であったので、財源や人手を考えて、病院体制で作られ、医師である小林が初代園長になったのでした。

小林に協力した多くの人のなかに、滋賀県立近江学園の児童指導員の経験をもつ伊藤貞

島田療育園、手前が病棟、奥が職員宿舎（1967年）。

子がいました。伊藤は糸賀一雄園長のもとで、重度の知的障害児の担当をして10年あまり勤務しており、退職後は上京して、日赤産院で障害児の療育にかかわっていたのでした。島田療育園の設立にも大きな役割を果たしました。小林と糸賀の間の連絡係でもありました。このようなつながりで、島田良夫さんは島田療育園開園までの待機のために、近江学園に入っていたのでした。小林と糸賀はコロニー懇談会などで同席することもあり、互いの理念の共通点や違いを認識していたと考えられます。わが国の重症児療育は、2人の理念と実践が関連して、医療・福祉・教育を統一する方向で発展したと言っても過言ではないでしょう。

「療育」は医療と教育からなる肢体不自

由児の施設処遇から生まれた用語、概念です。島田療育園では、子どもたちは法的に学校教育から締め出されていたのですが、福祉の名のもとに、非公式的な、広い意味での教育を行なっていました。当時、医療体制のもとにある児童福祉施設は肢体不自由児施設だけだったので、島田療育園は肢体不自由児施設と同じような体制をとっていました。保母（当時）や児童指導員が配置されており、保育・教育の役割を看護職員とともにはたしていたのでした。とはいえ、職員の構成は医療・看護職が大部分で、保母と児童指導員は一つの病棟にそれぞれ、1〜2名の配置でした。保母は看護部の中に、児童指導員は医務部に所属していました。

東京には、もうひとつの重症児施設秋津療育園がありました。秋津療育園は病院らしさを意識的にさけて、保育を重視しており、びわこ学園は母体が近江学園だったこともあって、知的障害児施設の傾向を持ち、発達を重視する療育でした。このように、法律的な基準は同じでも、3施設にはそれぞれ異なるものがありました。島田療育園が医療優先であったことは事実ですが、ときに外部から「飼い殺し」で「看とり」だけが目的であるかのように誤解されることがあったのは、私としては残念なことでした。医療関係者にとっては何でもない常識が、一般の人には残酷に思われることはよくあることですが、島田療育園にたいする誤解や批判にはそうした、専門分野の考え方、文化の違いのようなものが影響しているように思われます。
１９６０年、小林は調布市から委嘱を受け、特殊学級（現特別支援学級）入級児童・生徒の選考のための医学診断をしていました。そこで、出会った特殊学級（当時、以下同）の担任教師は、小林が教育を重視していたことを書き記しています。

先生は後年、近江学園の糸賀一雄先生との論争等で重症心身障害児に対する教育の限界を強く主張されたため、とかく医療のみを重視し、教育は軽視していたようにみられがちです。しかし、小林先生は島田療育園が誕生する前後の「両親の集い」で、繰り返し重症心身障害児への教育の重要さを語っておられました。『療育という言葉は、医療と教育をあわせて行なうという意味です。重症心身障害児にとって医療と教育は車の両輪のように重要なのです』と話されたことを私ははっきりと記憶しています。（『愛はすべてをおおう』）

小林は島田療育園退職後、学校教育についてつぎのように書いています。東京都立府中療育センターの22歳の入所者が訪問教育をセンターで受けるのではなく、ふつうの子どもたちといっしょに学校で学びたいと訴えたのに対して、当然であるというのです。

ふつうの小学校に入ったから、その人が伸びるか伸びないかで、教育するかしないかを決めない。人間だから教育する、やってあげる。その義務はわたしたちの方にある、ということなんです。効率主義の価値の逆転です。（中略）教育権の問題よりも、さらに根底的な人命尊重の問題です、その底辺的なところをかためた上での教育権ということになるのだ、と思います。（『福祉の心』）

3　療育の理念と方針――愛と科学

1960年代の島田療育園には療育の理念や指針として、とくに公表されているものはありませんでした。小林が折りにふれて職員に語ったことや著作、実際に職員が行なっていた療育から、愛と科学に基づいていたといえるかと思います。科学には愛がなければならないとも言っていました。小林は学生時代からクリスチャンで、宗教的な人間愛がありました。同じ教会に通っていたある勤務者は、小林の祈りの姿に深く感動していました。超人的な多忙な仕事をしていた小林でしたが、教会に家族で通うために、日曜日には必ず園を休んでいました。もと小学校教師が、先生の思い出としてつぎのように書いています。

先生のお家をお訪ねした折、つい長居をしてしまい、夕食をご家族の皆様とご一緒させていただいたことがあります。テーブルを囲みますと、先生は静かに聖書を開かれ一節を読まれました。続いて客を迎えた喜びと一日の無事に感謝の祈りを捧げられました。そして「みんなでおいしくいただきましょう」と笑顔でおっしゃいました。その敬虔な祈りと明るい雰囲気に、私はただただ黙して心のふるえる思いでした。先生の愛は障害児だけでなく、苦しんでいる家族にたいしても、さらに働く勤務者に対しても注がれていました。福祉は人々の愛からなるという考えでした。

先生の医の世界は、信仰・愛・希望・感謝の深い祈りの世界に満ちていたものと思います。

今もあの優しいまなざしと語りかけるようなお声が胸の内に響いてきます。(『愛はすべてをおおう』)

32歳の時に生後35日の長男を髄膜炎で亡くしたことが、その後の人生を決定したのでした。「この子が遺言のように私の心に〃しっかり障害児のためにがんばってください〃というささやく声が響いてくる思いがした」と書いています。さらに軍医として召集された戦争からの生還が、障害児のために生きようという決心を強くしたことは想像に難くありません。

小林は医療や療育についての研究をすべての職種の人たちに期待していたので、園では活発な研究活動が行なわれていました。小林が立ちあげた小児精神神経学研究会では、医師とともに児童指導員も発表し、討議に参加しました。看護職員も日々の療育から課題を捜しては、研究をまとめました。

4 腰痛問題と園長辞任

●労働条件と腰痛問題

1960年代、社会では労働争議や大学紛争、市民運動がたかまっていました。島田療育園においても、私の在職中に、八王子市の労政事務所の指導を受けて組合が設立されました。大方の職員は労働者には団結の権利があるのだから、組合はあった方がいいという程度の意識だったと思います。私はもと炭鉱で働いたという事務室の男性が「どんな組合でもあった方がいいんだよ」と言っていたのが印象に残りました。設立総会では、労働歌のかわりに童謡「手のひらを太陽に」を合唱したほどに、素朴な組合でした。日本心身障害児協会という法人が直接の経営者なので、組合も園長個人に対立意識は持っていなかったと思われます。秋津療育園やびわこ学園にも職員組合がありました。

給与体系は国家公務員に準じていて、昇給も順調になされ、私は、給与に対する不満を誰からも聞きませんでした。地方で公立保育所の保母をしていた人は、職員になって給料は下がったが、お金なんか問題ではないと思って来たと言っていました。ほとんどの職員が独身で、宿舎に入っていたので、経済的な困難を感じることがなかったのかもしれません。私には世間が思うほどに、労働条件が劣悪とは思えなかったし、休みも取れていました。人手不足は職員の労働強化で補うのではなく、ボランティアや保護者の手を借りて乗り切るのが、園の方針でした。

早期離職が多かった原因の一つは、看護婦としてのスキルアップができないという悩みがあったのではないかと思います。介助や生活支援の部分が多く、救急医療のような緊張感のないことは物足りなかったようです。「血が恋しい」といった冗談が飛び出すほどでした。感染症が流行ったり、重篤な病気の子どもがいると、看護婦が活き活きするように見えたものです。看護助手は進学などを目的に、辞める人が多かったように思います。最大の問題は人手不足の中、子どもは成長して体重が重くなっていくので、勤務者の腰痛が増えていったことでした。ベッドは高さが調節できないので、おむつ交換での前屈姿勢が腰痛の原因になりました。子どもたちは睡眠時以外、ベッドから離れて椅子や床で過ごしていたので、抱き上げて、移動させることが何度も必要でした。

看護職員はほとんど全員が女性で多くは20代前半の若さでしたが、子どもの体重が30キロを超えると、抱き上げたり、床に下したりなどの介助の際に、身体的に無理がかかります。不随意運動や痙攣発作のある子どもは、実際の体重よりも重く感じられるのでした。交代制の勤務なので、子ども2人に大人ひとりの体制でも不十分でした。私には、子どもを一日中、ベッドにパジャマのまま寝せておくとか、着替えの回数を減らすとか、手抜きはいくらでも思いつきますが、介護・介助の手抜きをしようとする人はいませんでした。園長に「過剰な介護」といわれるほどに、勤務者はどんな時も、最大の努力をしていました。職員が増えないかぎり、また、療育の質の向上をめざすかぎり、このように職員の健康破壊が進んでいくのは明らかでした。１９６５年当時、すでに腰痛が現れており、冗談半分に島田病といわれていたほどでした。

小林には「自分がこの仕事を始めたために若い娘さんたちに苦労をかけている」という

独特の思いがあったので、１～２年で退職するのをやむをえないとみていました。無資格の看護助手には、保母の資格をとってもらい、出身地にお返しすると考えていました。

　児童指導員の私には夜勤もなく、身体的には無理のない仕事でしたが、退職した時に園から表彰状が届きました。５年間の勤務で永年勤続なのでした。園長からは「苦労をかけた」という内容のはがきをもらいました。60歳を過ぎた先生からみると、職員は子や孫の世代ですから、親心で職員をみていたのでしょう。

　療育向上のために、職員教育を重視する一方で、早期離職を勧めるという矛盾した運営方針の実際が「腰痛になれば退職する」というようになり、腰痛問題の真の解決を遅らせたのではないかと思われます。腰痛予防のために、介護方法の研修を行なうということはありませんでした。腰痛問題は職員不足だけでなく、介護技術の未発達が原因であったと考えられます。

●園長の辞任

　私は１９７０年に退職しましたが、２年後に園を訪問したところ、園の雰囲気はおだやかでした。ところがその翌年、１９７３年に島田療育園で組合がストライキを決行したことやそれに対する小林の対応をＮＨＫや雑誌で知り、大変驚きました。当時の社会情勢では、企業の労働争議はめずらしいことではありませんでしたが、「深き愛の看とり」を施設運営の基本にしていた小林には衝撃的だったのでしょう。激しい怒りと失望をもちまえの率直さで、世間に表明したのでした。

園長として、「理想に燃えて苦闘も重荷と感じないで過ごせたのははじめの10年だけだった」と書いています。園外においても、医師としての活動を広く続けていたので、障害児に奉仕する場はどこにもあるということで、もともと島田療育園に固執する気持ちはなかったようです。ボランティアと福祉が半々の気持ちだったので、福祉人になりきれなかったと後に述懐しています。

しかし、時が過ぎ、いつの間にか、島田療育園に、強い一体感を持つようになっていたのでしょうか。社会福祉としての理想の施設を実現できなければ、解散もやむを得ないと考えることも度々あったようです。福祉施設の公的な責任を考えれば、園長の一存で解散などはあり得ないと私は思うのですが、小林には、自分のおかれている立場を考えずに、率直に意見を言ってしまうことがよくありました。

小林は、福祉施設だから勤務者は貧しくていいとは決して考えませんでした。食糧難の時代だった日赤勤務のころも職員が飢えていては良い看護ができないという考えで、自ら食料確保に尽力したと伝えられています。園長は「恩恵」の立場で、勤務者の待遇を考えているので、勤務者は「奉仕」の立場で働いてほしいという考えであると私はそのようにとらえておりました。「恩恵」や「奉仕」という宗教的なニュアンスのことばは私には違和感があったし、このような温情主義は少々納得できないものがありましたが、理解することはできました。もっとも、「奉仕」という用語は新聞でも施設で働く人たちの様子を書くのに使用しているので、当時はよく使われていたことばでした。

島田療育園が大きくなるにつれて、職員数も増えていきました。早期離職が多かったので、顔ぶれもすぐ変わっていきます。１９６０年後半の過激な大学紛争を経験した後に、入職した職員の意識は違っていて、園の空気を変えていったようです。

小林は「障害児を守ることができなくなった」と言って、１９７４年に辞任しました。その翌年に、つぎのように書いています。

ある大学で学園騒動を起こした中心人物が、職員としてまぎれこんできました。これが私の心労の発端です。まじめな偽装をだんだん脱いで、統制に従わない本性を現しはじめ、またそれに同調する者がボツボツと出てきました。この芽のときに断固たる処置がとれたらよかったと後から思ったときは、すでに遅く、外部の団体との連携が生まれ、むしろその指示によって動くことになり、意志はバックにある団体によるものと化してしまいました。その団体とは、企業体におけると同じ考えで社会福祉を見ているのです。弱者救済の叫びをまず第一にまともにぶつけて然るべき対象であるはずの重症心身障害児の健康と生命を脅かす行為が、ここにとられるようになってきたのです。(『福祉の心』)

別のところではつぎのように書いています。

私もその頃、命を賭けて始めた重障児施設を辞職する事態になり、私の人生の最大の危機を迎えて、人間不信の淵に落ち込んで孤軍奮闘していた時でした。私の戦いは人間信頼に端を発して取り組んできた社会福祉に対する悲観で、私自身、焼身自殺でもして社会を目覚めさせたいほどの思いでした。(『大人になった障害児』)

ストライキや団交により、職員の賃金などの待遇はさらに改善されたということです。1971年に小林はNHK放送「人生読本」で「とにかく私も疲れました」と語っていましたが、その3年後、66歳で島田を去ったのでした。想像をこえる辛苦の連続であったとしても、重症児療育の先頭にいて内外の賞賛を受けることが多かっただけに、辞任にいたった事情と対応は私にはあまりにも残念に思われてなりません。後に、当時、組合運動の中心だった男性が「あの頃は、若気のいたりでしたな。お許しください」と父母に話したということです（『愛することからはじめよう』）。激動の時代が生んだ、悲劇でした。小林の辞職は、３年ほど後継者探しをしていて、めどが立ったうえでのことで、決して衝動的なものではなかったのです。すぐ、立ち直って新しい仕事にとりくむことになりました。

私が在職中に、園長の定年制がうわさ話として聞こえてきたことがあります。そのとき、後援会のスタッフが「福祉に、定年制があるのはおかしい」というのを聞いて、ここは社会一般の通念とは違う世界なのだと思ったのでした。小林も後援会と同じ考えでした。当時、法人のなかで、60歳定年制を検討されていたのかどうか、くわしくはわからないのですが、運営上のルールが整備されていない時期でした。個人の意識として、福祉の心に定年はないという考えは納得できますが、職業としての福祉の場では、世間並みに定年があってもいいのではないかと私は思っていました。私は園の背後に、日本心身障害児協会という法人の大きな力を感じて、なんとなく、組合は必要であると思ったのでした。

小林が辞任した１９７４年に、東京都は国に先んじて、障害児の希望者全員就学を実施しました。私が勤務していたころの小林は「学校はおしめをした子どもが行くところではない」という考えでしたが、各地で、訪問教育などの試みが行なわれて、時代は障害児の全員就学をめざして、動いていたのでした。

※医師である小林提樹は重症児と家族を救済するために施設を設立しました。人間愛にもとづく福祉の心を社会にも、園の勤務者にも求めましたが、あまりにも理想的過ぎました。社会は経済優先の価値観で激しく動いていました。科学的な社会観と歴史観があれば、悲劇的な辞任にならなかったのではないかと思われます。

3 島田療育園の光景

1　園長回診

●症例研究と専門性の向上

園長の回診というと、園長を先頭に医師たちがぞろぞろとベッドをめぐって園長の診察に立ち会う風景が浮かびますが、島田療育園でもはじめはそのようであったと聞きました。子どものことをより理解したいという職員の要望があって、島田療育園独自の形式になったということです。各病棟で週1回、約1時間、病棟の全職員が参加するものでした。ひとりの子どもを囲んで、ケースワーカー、病棟勤務者（看護婦、看護助手、保母）、児童指導員、医師がそれぞれ報告した後、園長が診察して、勤務者の質問に応じながら、療育方針を語るものでした。ある先天性の障害の子どもについて、私が知的障害はないと報告したところ、園長が医学的な根拠をあげて、それを否定するということがありました。医学的診断を抜きに、発達を理解できないということであり、心理学の弱さを痛感させられたのでした。

小林の診察の様子は見ていて楽しく、とても教えられるものでした。はじめに時間をかけて子どもと仲良くなるのですが、その様子はほほえましいものでした。話しかけ、手でふれて、遊びながら診察に入ります。子どもに対する慈愛のこもるまなざしと語りかけが印象的でした。小林が病棟に行くと子どもたちが寄ってきて、抱きついてくるのです。「この子は私である」という座右の銘のとおり、子どもと一つの世界にあり、子どもとのふれあいは至福の時であったと思われます。

子どもの身体を見ると、それまでどのような扱いを受けてきたかが分かるというのです。おむつかぶれや床ずれのあとが入園前の子どもの生活を表しています。小林は子どもに向き合い、全身をくまなく診察し、反射をていねいに検査していました。診察しながら、専門外の勤務者にも分かりやすく説明していました。医学面だけでなく、子どもの生活や家族の問題、さらに福祉問題など多岐にわたるのでした。私たちは小林のことばの一言も聞きもらすまいという思いで、ノートをとりました。ここでは、誰もが率直に意見を出し合い、質問をして、子どもをよく理解して、療育の手がかりを得たいという熱意がありました。いつもは尊敬の気持ちで仰ぎ見る小林を身近に感じることのできる時間でした。私は退職後に発達相談に従事したことがありましたが、この園長回診で学んだことがずいぶん役に立ちました。

小林は初対面のどのような子どもにもすぐに愛情と共感を示すことができました。その様子はその場にいる人たちの感情と意識を変えていきます。コルネリア・デ・ランゲ症候群の幼児が入園してまもなくの回診のときでした。両眉が一直線につながり、毛深い独特の顔貌と歯を食いしばり、ウーウーと発声しながら、身体を激しく動かしている様子が異様で、私は茫然とその子を見つめるばかりでした。ところが、小林はひとめ見るなり「かわいい子だねえ」といい、いつものやさしいまなざしを向けているのです。それを聞いて、私の気持ちが、すぐに、かわいいという感情に変わっていくのでした。

はだかのサリドマイド障害児を見て、脳貧血を起こして倒れた初任の看護婦がいました。それほど、ショックだったのです。小林はその子の肩から出ている短い手を天使のようだといいました。S子さんの上肢は団子のような手に豆のような指がついているだけでした。この子がその豆のような指をしゃぶっている様子を、この手があって良かったといって、いとおしそうなまなざしを向けるのでした。小林はサリドマイド障害児を「エンゼルベビー」と名づけていました。知的障害がないこの子らは病棟の空気を明るくして、勤務者にとってアイドル的存在になっていました。

問題行動の多い自閉症児にたいして、「この子の行動はおもしろい。一日相手をしていても、飽きないくらいいろいろの癖がある」と楽しそうに観察しているので、ふだんは、この子の「反すう」に悩まされていた勤務者の意識も変えられていくのでした。

●園長回診の実際

園長回診の様子が『重症心身障害児のケーススタデー』という小冊子にまとめられています。医療、看護、保育、家族状況、心理発達と検査などの各担当者の報告は省略して、園長の診察・説明、質疑応答などの場面にしぼって２例を引用したいと思います。

事例１　○○さん（男、11歳２か月）

主病名　精神薄弱、脳性まひ、てんかん

園長：在園年数が長いにもかかわらず、見のがされやすい、印象に残ることの少ない子である。

乳児院で年齢超過のためたいへん困っていた。

入園したときの記憶では、そばに行くと怒ったり、愛撫してあげても怒る。愛情を拒否する様子をとったので、いったいこの子はどういう人間なのかと思われた。頭をなで、頬をさすり、抱きしめると喜ぶのが普通で、拒否する子はめずらしい。乳児院で相手にされるのは注射をされるときばかりであったかな、とも思ったが、しかし本児の場合はこの子自体の持つ障害の現れのようである。環境をどうもっていっても治りにくい本質的なものがある。子どもではあまり用いない病名であるが、精神病学でいう拒人症ともいえよう。

当園の子ども達の中にはあやして笑う子、平気な子、怒る子などがあるが、あやしてい い反応を示す子は勤務者にとっては楽しみもあり、取り扱いも楽である。しかしあやして怒る子に接するときには愛情を示すことを努力しなければならない。重症児であっても人格を持った立派な人間であることは忘れないで取り扱ってほしい。

この見のがされやすい子にとって、よかったことは、重篤な病気をしたことにより人間関係が密接にもたれるようになったことである。

この子の障害の原因としては巨大児が考えられる。出生当時特別な問題はみられていない。しかし気脳術ではっきりしているように、脳室の拡大のあることは器質的にひどく脳に障害があることを示している。昭和39年に脳症症状を起こしたことがこの子の障害を強めたとしても、障害の原因はその前からあったことは脳波がそれを証明している。こうした意味でも重症児の場合脳波検査の重要性を特に感ずる。

頭は小さいが頭皮がたるんでいる。前額縫合は骨が重なっている。これをみても脳が発育していないことがわかる。成長してから起きた障害でないことがわかる。左顔面マヒの様子は今はみられない。目はパッチリとしていない。眼球自体の発育も悪く、少し小さいようである。眼球を使って行動することが少ないことも発育を阻止する。歯は小さく歯肉の中にうずもれている。このような歯には食物残渣がたまりやすく口臭の原因ともなるから、口腔清拭には留意するようにしてほしい。首だけは起きあがるようによくあげる。絶えず曲げて明るいほうを見ている。肘関節の伸展はよくない。筋肉はやわやわとしているのに伸びが悪い。膝関節も硬直性でつっぱっている。下肢の自然の肢位は外反位をとり、特に右側が著明である。上肢の筋肉はのっぺりとして踵は極端にとび出ている。膝腱反射は亢進、バビンスキー反応は左が軽度に陽性、チャドック氏徴候も陽性、メンデルベヒテレフ反射、ロッソリモ反射は陰性。

臀部から背部にわたり皮膚にしみがある。皮膚に色素斑を伴う疾患の中にはレックリングハウゼン氏病のように重大な疾患もあるから、新しい皮膚のしみは注意深く観察し記録もとっておいてもらいたい。

ところでこの子の養育であるが、まずこの子の快感情を起こすものを見つけ出さないと、この子の中にはいっていけない。この子は何を喜びますか？　おもちゃで遊びますか？（指導員：手は伸ばしますが、ちょっとふれる程度で遊びません）。

知能の発達4か月位であることからその程度であろう。庭に出してあげてどうですか？（看護婦：別に変化ありません）。お風呂は？（きらいです）。だっこは？（きらいです。上肢を軽くにぎってあげると起きあがろうとして喜びます）。あやして笑わせた人はありますか？（まだありません。このごろは怒らなくなりました）。

入園後皆さんが努力して離乳食を食べさせることに成功したが、次には笑えるようにしたいものである。

このような子の取り扱いはほんとうに愛情一本やりでやってあげるよりほかに方法はない。不快感情で育てることは避けるべきで、ある程度成長したときにはじめて抑制し、禁止すべきである。快感情をつかまえなければ指導はできない。知的発育が低いからしかたがないと放っておいてはいけない。発作のあるかぎり伸びないから、医療の面では発作に対してはよい薬、よい量を見いだしてゆかなければいけない。

この子では、進行しているものに脳性マヒとてんかん発作があり、痙攣が頻発するようになっているが、昭和39年の重篤な疾患がかなりその契機になっている。脳性マヒもかなり著明なものである。

この両者のうちでは発作は脳性マヒをも悪化させ得るものであるから、まず発作の起こらないようにするのが先決である。この子では症状が進行性であることにいちばんひっかかりを感ずる。
この子は積極的に取り上げられない子であるから、自然に手をぬいてしまいがちになりやすい。
指導員：この病棟の中でも何もわからない子どもたちのグループに入れてあるが、床マットの上におろせるのはこの子だけなので、かえって皆の注意が向けられるようになりました。
看護助手：このような子の場合、機能訓練たとえば起立練習などはどうでしょうか？
園長：知能発達が４か月では訓練についてはいけない不可能の時期である。
主任：私どもは、子どもによっては訓練を無理にすると逆効果になること、骨折などの事故を起こすおそれのあることを経験していますので、慎重に行なわなければいけないと思っています。
園長：訓練のオーバーになることは逆効果をきたすことを銘記しておいてほしい。われわれは確かめながらやってゆき、各個性をのみこんだ訓練をすることが必要である。
指導員：あまりに精神発達が低い場合には、伸ばしてゆくということより、これ以上精神発達を遅らせないように努力することもたいせつであると思います。
園長：本児の療育について皆さんに色々な注文をしたが、これがうまく行なえるかどうかは、一つは病棟勤務者の手のたり方のいかんによる。近く、新病棟が開かれることでもあるし、当園では子どもたちの療育に当たる志のある方は、看護婦さん、看護助手さん、なん人でもぜひ来てわれわれの療育チームに加わってもらいたいものである。(『重症心身障害児のケーススタデー』)

事例2　○○さん(女、15歳10か月)

主病名　結核性髄膜炎後遺症(精神薄弱、てんかん、盲、ろう)

園長：この患児の視力はありますか?
児童指導員：明暗はわかると思われますが。
園長：本児は盲児であることになっていたが、この目の動きをみていると、この目は生きている感じがする。光覚があるのではないかという気がする。患児に眼球振盪があるがほんとうに見えなかったら、眼球振盪はないと思われるが、光覚ぐらいはあると思ってよいであろう。全盲の子や眼球のないような場合と少し質が違う様子を示している。目と耳と両方の障害があると、外界の受け入れは皮膚感覚、嗅覚である。このような場合、生活範囲は非常にせまくなり、行動は自閉的となる。患児のように視覚と聴覚両方の感覚が障害されるのはめずらしい。

一人だけみているとわからないが、同じように視覚、聴覚が両方ともなくなっている他の誰かと比較してみると良くわかるところがある。たとえば乳児院にいた○さんは5歳まででたいへんよい発育をしていたが、５歳の時結核性脳膜炎に罹患し、それは治ったけれども、同じく盲ろうとなり、その後の取り扱いがたいへんむずかしかった。それは手、足の感覚が残っていて、手が非常に器用だったからである。どんなに縛っておいても、巧みにといてしまって布団をむしったり、衣服を破ったり、大便をこねたり、非常に悪いことをした手、足であった。

人生体験があってから破壊された脳の障害の場合、その障害の軽重によっても違うが、人生体験の長さにより、後の行動が違ってくるからで、○さんに比べるとこの患児は2歳の時に罹患し人生体験が少ないので、この子の手は悪さをしないという考えも成り立とう。

聴覚、視覚欠損の他に、もう一つたいせつなことは知能障害であるが、これはなかなか評価することがむずかしい。

児童指導員：このように知能が低くても、起きたり、ねたり、布団を一人でかぶることができます。玩具を出すと握りますか？

看護婦：手に持たせると握ります。
園長：知的な面と運動面とのアンバランスなところもよく考えてみると、当然の結果であるかとも思われる。
児童指導員：それは触覚的な面を考慮に入れれば、理解できると思いますが。
園長：よく理解してみると、そのようなことで、解釈ができてくる。患児を診察しましょう。食欲不振があるといわれるのに栄養がよい。歯は歯列不正、指は短く容易に過伸展される。しゃぶりだこが左右共にある。足は使わないので小さいし、また足関節も少しかたい。筋肉の発達も弱い。乳房は非常によく発育していて、垂れ下っている。諸反射は正常で病的反射は見られない。
この患児の行動には常同行動が多くある。常同行動の中にも年齢、知能の発達によって段階がある。たとえば、乳幼児でも頭をうちつけるBanging、身体をゆすり船をこぐようにするRolling、首を振るRockingがよく見られる。患児は首をよくふるが、これは年齢的に非常に低い常同行動、Rockingである。本児の場合、知能の問題もあるが、感覚障害は、特殊なものは見当たらないが、感覚障害から来た二次的障害があると見てよい。
保母：普通、盲の子は指を目に入れる癖があるのですが、この子どもは目をいじりませんが……？

園長：Franceschetti症状といわれ、盲児に特有なものであるが、本児の知能がひどく低いためか、目をいじることのないのは面白いことである。

看護婦：ベッドの柵につかまらせると立つのですが、立たせる訓練をする必要があるのではないでしょうか。また、上半身にくらべて、下半身がたいへん細いのですが、立位をとることにより、変型が生じませんか？

園長：患児が歩行ができても、危険はない、被害はないという体制を私たちはつくらなければならない。その体制があって、そこで歩かせるということをなすべきである。歩行するようになって、下肢の変型することはあり得る。しかし盆栽の木のようにひどく曲がることはないから心配することはない。

医師：立たせ、歩かせることは、この子にとってどれだけの意義があるのでしょうか。歩かせるための訓練に精力を注ぐよりも、それだけの努力と労力で、他の有用なことを何かしてやったほうがよいのではないかと思いますが。

園長：そういう考えも成り立つ。なぜ立たせるかということ、根本的に、この子のためになるのか、我々働く者のためかなど、いろいろ見方があるわけであるが、そのようなところをどちらに分を持たせるか、あるいはもっと他に有能な子どもに力を注ぐべきかなど、いろいろな角度の考え方があるわけで、よくよく検討すべき問題である。

看護婦：本児の姿勢、おびえたような急な泣き方、拒食など精神病的なものがあるのではないでしょうか。

園長：脳波の異常所見から考えて、そのような発作性異常行動があっても不思議はないと考えられる。ただ我々にとってつきとめ得ないということは、この児の心の中に入りこむことができないからで、その点たしかに精神病的であるといえる。

医師：グループに分けたため、観察が細かくなって来て、発作の状態なども多くとらえられるようになったのかもしれません。

園長：さらに二次的分類ができたことは、観察が行きとどくようになって、好ましい。発作の捕らえ方は、一に我々の目であるが、我々がそれを理解し興味を持っていないと見逃してしまう。また発作症状にはきわめて微細のものもあるので、細かい観察力がないと見逃してしまう。重症児では、非常にいろいろな形の発作があるので、発作らしいと思われるものは記録にとどめておいてほしい。（『重症心身障害児のケーススタデー』）

●小林のことばの深さと強さ

小林は独語あるいは反語的な言い方をすることが多く、園長回診の後、医局ではしばしばどういう意味かと話し合いが盛り上がったのでした。例えば、あるときは「子どもに学ばなければならない」と言ったのに、別のときには「専門家が子どもに学ぶというのはおかしい」と言うので、小林の頭の中にはひきだしがいっぱいあると思いました。脳性まひの子どものひどく不自由な上肢をみて、「この手はないほうがいいのだろうか」と問いかけたこともあります。子どもを「生ける屍」という時、その真意は、社会ではそういうが、私はこの子どもたちの命の尊厳を守り、幸福な人生を送らせますということなのです。

小林にたいする評価は、字義通りに受け取って、批判するのではなく、前後の文脈から、全体的に見て慎重になされないと誤解を生むと思いました。分かりやすいことばで、率直に、思いつくまま語るというようでしたが、長年の障害児診療の経験でつちかわれた深い知識や、弱き者への慈悲、福祉の思想が隠れているのでした。「(介助は)直線ではなく、曲線で」というのは、具体的にはどういうことかと考えたものでした。どんなことばも私には印象深く、心にしみこんでいきました。小林のことばもその時の受け手の能力以上の理解はできないわけで、後々まで、忘れがたく記憶されたのでした。子どもに向けるやさしいまなざしと笑顔はとても印象に残りますが、話し方もゆっくりと、暖かいものでした。親に対しても、ていねいで、尊敬語が使われており、当時の一般の人が持っている医師のイメージとは違うものでした。小林の言動は、医学だけでなく、キリスト教が根底にあるので、信仰を持たない私には理解できないことがありました。

地位の上下の区別なくお互いに切磋琢磨すること、上のものは新米のものの意見に耳を傾け自戒し反省をすることを重視していたようです。多忙な日常にもかかわらず、職員を育てることに熱心で、実に優れた指導者でした。ことばには力があり、多くの発言が「語録」として、受け継がれていったのでした。

2　社会とともに

●社会への働きかけ

よるべき法律もなく、ゼロからスタートした島田療育園を続けるためには、社会の関心と財政的な支えが必要でした。新聞やラジオなどの影響が大きいので、メディアを利用して、絶えず社会に向かって発信しました。その結果、子どもも職員も全国から来るようになりました。また、小林の講演に感銘を受けて、地方から来る職員がいました。

重症児の療育は社会福祉がやらなければならず、そしてその福祉は社会が担うべきものであるから、「私たちだけが苦労するべきではない」というのが小林の態度でした。

小林自身が著作や講演活動、巡回相談などで積極的に外部に働きかけたこともあって、見学者、ボランティア、園児の家族といつも大勢の人たちが出入りし、にぎやかでした。私はたくさんの人に見学してもらって、理解してほしいと思っていましたが、見られる立場は時に負担に思うこともありました。大型バスが到着することがあります。大勢の人がケースワーカーの説明を聞きながら、病棟の廊下をぞろぞろ歩き、鈴なりになって部屋をのぞきこみます。コートを着たままで、戸外を歩くような服装の人もいます。まるで、観光旅行みたいと不快になることもありました。玄関のロビーで、泣きながら祈っている女性のグループを見たときは、複雑な気持ちになりました。

●ご厚意の受け方

「ご厚意の受け方」という小林のことばがあります。小林が外来者に見せる態度はとても低姿勢で、謙虚で誠意あるものでした。

園にはたくさんの物品が寄付として寄せられていましたが、なかには首をかしげてしまうような物がありました。ある時、玄関ホールの床に無造作に山のように衣類が置いてありましたが、ゴミの山にしか見えませんでした。子ども用とは思えないその衣類の山から、子どもも職員も履くことができないハイヒールの片方がのぞいているのを見て、私はやりきれない気持ちでした。捨てるしかない品々を、小林はていねいにお礼を述べて受け取ったのだろうと想像できたのでした。

また、女子高校生がはき古した革靴がたくさん寄付されたことがありました。子どもも職員もおそらくだれも使わなかったと思います。職員あてにストッキングや湯飲み茶わんを女子高校から、贈られたこともあります。私たちは専門を生かした仕事をして、報酬を受けているわけで、それは一般の職業と同じと思っていたのに、施しを受けているような気持ちになりました。善意でも、人に物を与えることが、与えられる側を傷つけることがあるということを学びました。小林には、社会の人たちの子どもへの愛の一部を介護している職員にも与えてほしいという考えがありました。保護者に対して「子どもが可愛いなら、まず面倒を見てくれるこの人たちにこそ、同情を寄せて下さい」といわれました。働く人の不幸は子どもの不幸に連なるという考えは理解できますが、私は自ら選んだ仕事なのだから、同情してほしくないと思っていました。

社会からの職員への厚意をすなおに受け取れないでいた私に答えてくれたのが、この「ご厚意の受け方」ということばでした。福祉従事者にとって、社会からの善意に感謝することは必要なマナーでした。

医療体制にあっても、一般の病院より多くの人手を要していたので、寄付をあてにしないと運営できない状態でした。社会の多くの人たちの善意や人間愛によって福祉が成り立つという小林の考えもありましたが、啓発のためにも、厚意を生かすことは大事なことでした。しかし、そこには憐れみと同情の眼が、ときには好奇の目があったのでした。私は一般の病院や学校で働くのと同じように、見て欲しいと思いました。大学の同級会で、有名企業に勤める男性に「(寄付によって成り立つ職場は) 乞食と同じだ」といわれて、妙に納得したこともありました。

父母の会と協力する形で、後援会があってボランティアや寄付の窓口になっており、園内に事務室がありました。後援会は園と社会の懸け橋となって、物心両面で療育園を支え、見守ってくれました。職員あての物品をもらうことには抵抗があった私ですが、精神的な厚意や応援は感謝とともに思い出せるのです。

お花や絵の指導にボランティアとしてきて下さった先生方、合唱や楽器を演奏してくれた音楽関係の方々、芸能人など、大勢の方がはるばる来園して、単調になりがちな生活に潤いを与えてくれたのでした。秋田出身の子どもが重態になった時、俳優の伴淳三郎は方言で話しかけてくれました。歌手の美輪 (当時は丸山) 明宏は、病棟で「ヨイトマケの唄」を熱唱して、その美貌とともに、勤務者に大きな感動を残しました。美輪はボランティアで職員にお花を教えに来ていた先生宅の２階を借りていたという縁で、来てくれたのでした。その後も、チャリティショーや、主演の演劇に職員を招待してくれました。
このように、外からの訪問者については、園は開放的で、歓迎しましたが、行事に地元の人たちを招待することや、子どもたちを地元の行事に参加させて、交流するというようなことは思いつくことさえなく、閉鎖的な面もありました。たまに、子どもの急患が飛び込んできて、医師が応じるという程度でした。看護助手が散歩していて、地元の人に「遊びに来たのか」と言われて心が傷ついたということがありました。

●メディア利用の功罪

島田療育園設立3年後の1964年春、3つめの第三病棟の建物が完成していたのに、勤務者不足のために開設できない状態でした。この苦境を打開するため、積極的なPR活動を始めます。この取り組みについて、小林はつぎのように書いています。

この夏の終わり頃、第三病棟が開設されない責任ではなく、社会福祉を標榜してその正しい姿になれない在り方を憤って、私は辞める決心を堅めました。そして、私の最後の決意を一つの冒険にかけたのです。それがPR活動です。10月に報道してくれた毎日新聞を皮切りに、朝日新聞は何回も、読売も産経も、NHKなどのラジオもテレビも、その他週刊誌や小さい名も初めてきくような雑誌に至るまで、連絡のとれるところはみんな材料を提供して、掲載を依頼し、また原稿を書いたのです。

案の定、オーバーな宣伝という批判も聞きました。最も私を援助すべき立場の者からでさえ、私への陰口が耳に届いたのです。私は怖れることなく、遂行しました。私の人生を投げうち、私の家族までもギセイの座に追いこんでやってきた仕事、それを腕を拱いて批判はすれども手を伸ばそうとしない人たち、私はそれを思う時一層強く駆り立てられました。(『元ちゃんとともに』)

取材を積極的に受け入れましたが、創作をもとに誤った記事を書かれるというようなこともありました。私も取材を受けた後で、新聞の記事を見たら、名前が別人になっていて驚いたことがありました。

それにしても、マスメディアの報道は、子どもたちは「運命の子」「宿命の子」といわれ、職員は「天使」という世間の感涙を誘う表現で、職員の実感にはほど遠いものでした。とはいえ、社会の人々の関心を高め、同情を集めるうえでの影響力は大きいもので、マスメディアが重症児の存在と福祉の問題を見えるようにしてくれました。

3　勤務者たち

●重症児と出会う

看護婦、看護助手、保母（当時、以下同）はほとんどが18歳から20代前半の若い女性でした。看護助手の人たちは島田療育園が人手不足で困っているという報道に、役に立ちたいと考えて志願してきました。U子は会社に4年勤めた後、島田療育園に来ましたが、大学で保育を学ぶために1年で退職しました。新聞記者の取材に応じてつぎのように話しています。

はじめて島田療育園の子どもたちを見たとき、正直にいってこわかったたし、この子をかわいいと感じるようになるとは思わなかった。ショックで、ご飯ものどを通らず、夜も寝つかれなかった。しかし、ただ人手のたしになりさえすればいいんだと思って、働いた。何か月かするうちに、その自分が、子どもたちを本心からかわいいと思うようになった。どんな子どもでも、やさしく接すれば反応があることを知った。自分では何も出来ない子どもでも、こちらが心で近づけば、必ずむこうの心もよってくることを学んだ。(『おんもに出たい』)

●同情から共感へ

子どもたちと初対面のときは、見たこともない深刻な障害を目にして、大きなショックを受けるのですが、世話しているうちに、可愛いという気持ちが芽生えてきます。毎日、夢中で過ごしているので、子どもたちを特別にかわいそうという目でみることはないのですが、ときにふとしたエピソードを聞いて、涙することがありました。上肢がほとんど欠損しているひとりのサリドマイド児は寝ている間に、背中にパジャマの前側がきてしまいます。先天的に片足の障害のある子がベッドの柵につかまって、歩こうとして短い脚を前に出しては転んでしまうなどの話を宿舎でのおしゃべりで聞いたようなときです。帰省した障害児を銭湯に連れて行けず、洗濯機の水槽にタオルを敷いて、中に立たせて身体を洗ったとか、園のベッドになれてしまい、家の畳のうえでは眠ることができないので、押し入れに寝かせたという保護者の話を聞いたときなど、家族への同情の気持ちがわきあがります。私がつくづくこの子たちをかわいそうと思って、涙したのは、亡くなった友だちの遺体を玄関で見送っていた、脳性まひの10代の女の子が大声で泣いているのを見たときでした。この子の手はまひのために自分の涙をぬぐうことができないのでした。

高校卒業後すぐ来た看護助手のひとりは「わたしは幸福だから、幸福税を払おうと思って、この仕事についた」と言っていました。ものいわぬ重症児は人生に大事なことをたくさん若い人たちに教えてくれたのでした。仕事が終わって宿舎に戻っても、口から出るのは子どもたちの話題でした。

看護助手のO子は脳性まひの女の子のベッドのわきに座って、いつも熱心に絵本を読み聞かせしていました。私にはこの子が絵本の内容を理解できるとは思えませんでした。この子は声をかけると、しばらくしてから片手をゆっくりと持ちあげて「アー」と声を出しました。発達に応じた適切な働きかけも必要ですが、このようなかかわり方に私は強い印象を受けたのでした。また、重い脳性まひの子どもの精神発達は外からみえず、隠れた能力があるようでした。こんなときは、大学で学んだ発達心理学が通用しないことを思い知らされたものです。

大学を卒業した男性が何人か看護助手という立場で入っていました。病棟の掃除を担当していたT（男性）は、僧籍を持っており、亡くなった子どものために、読経をしてくれました。いろいろの動機から就職した、変わり種の職員が子どもたちに刺激を与え、療育を豊かにしてくれているようでした。

●勤務者の生活

病棟職員（看護職員）の勤務は、日勤（午前8時半―午後5時）、準夜勤（午後5時―午前0時半）、深夜勤務（午前0時半―午前8時半）の3交代でした。日勤でも早番と遅番がありました。交代制のために、全員が集まることは困難ですが、病棟会議などのときには、夜勤明けや休みの人も出ていました。

勤務者が交代する際の「申し送り」は重要でした。子ども一人ひとりのカルテをもとにして、子どもの状態や医師のオーダーが伝えられて、つぎにしなければならない内容が確実に引き継がれていきます。交代しても、一定の方針がつらぬかれる医療体制に私は感心しました。氷まくらを「ヒョウチン」、咳を「ガイソウ」など、日常語とは異なる用語にも慣れていきました。看護助手まで、ドイツ語くずれのことばを使うようになって、死亡を「ステッタ」等というのは、あまりいい感じがしませんでした。

１９６０年代は社会保障制度が不十分な時代でしたが、社員の福利厚生を会社が担うという時代でした。島田療育園も職員の福利厚生に配慮していました。

ほぼ全員が寮生活だったので、いろいろなイベントがあり、楽しみました。演芸会やバレーボール大会のほかに、書道、華道、絵などのサークル活動の作品を展示して文化祭のようなこともしていました。有志が職員から原稿を募って、文集が作られました。後援会からの寄付を得ての職員旅行、観劇や梨狩りなどの招待がありました。高尾山へ登山やキャンプ、友人といっしょの旅行なども楽しみました。裏山で、暗くなるまでおしゃべりしたり、つくしやレンゲの花をつんで、周りの自然を楽しむこともありました。当時はうたごえ運動の全盛期だったので、歓送迎会などの集まりでは、みんなで、よく合唱したものでした。テレビは宿舎の共用の娯楽室に1台あるだけなので、自室に閉じこもっていることはありませんでした。共用の電気冷蔵庫や電気洗濯機も備えられていて、当時としては便利な生活でした。１９６７年ごろに新築された宿舎は３畳の個室で居心地のいいものでした。食事は本館の食堂でとりました。仕事が終わって白衣を脱げば、ふつうの女子青年になり、学生寮のような生活があり、活気のある青春がありました。

医師をはじめとして、職員にも自家用車を持っている人はいません。質素な生活でしたが、不便だという意識はありませんでした。園前から聖蹟桜ケ丘駅までバスで20分、京王線特急電車に乗り換えれば、30分で新宿です。通勤している職員もいました。私の記憶では、地理的環境が不便という理由での退職者はいませんでした。

定時制高校に通う職員や外出者のために、夜はボイラー室の職員がマイクロバスで駅まで迎えにきてくれました。日勤のあとに映画や音楽会のために都心に行くこともできました。休日には都内へ買い物や遊びにと出かけました。都内からの訪問者には遠くて不便でも、都心に行けば歌舞伎やバレエなどを楽しむことができるので、地方出身者にとっては、ここも、東京なのでした。後に、旧職員が会うと、新宿の歌声喫茶でおもいきり歌ったことが、なつかしい思い出として話題になるのでした。なによりも、病気になっても安心の環境ですから、生活上の不安はありませんでした。

私も看護職の人たちとともに5年間、寮生活でした。この便利で快適な生活に、やがて私は疑問を持つようになりました。当時、心理学ではホスピタリズム（施設病）という用語がよく使われていましたが、施設の中にいて、野菜の値段も知らない生活では、私こそホスピタリズムになっているのではないか、社会から隔絶された生活をしているのではないかと思うことがありました。

小林について、よく引用される有名なことばがあります。

1年間働いて下されば、お礼を申し上げます。2年間働いて下さったら、表彰してあげたい。3年間働きたいといったら、ぼくはおこります。（『おんもに出たい』）

しかし、本音は違いました。小林はドイツのベーテル（障害者の福祉と医療の町）を訪問して、そこに職員用の墓地があるのに感動しています。愛の奉仕の精神で、生涯を終えるまで働くのが、社会福祉の理想と考えていたのでした。島田療育園を退職した後も、障害児関係の仕事をしている人が多いことを見れば、小林の期待も実現したといえるかもしれません。

3女の父でもある小林は自分がこの仕事を始めたために、若い娘さんに苦労をかけているという気持ちがあったようで、とくに無資格の看護助手にはそのような思いが強いのでした。女性の幸せは家庭人になることと考えていました。これでは園として、療育経験の蓄積がないのではないかと懸念されますが、辞めていく人たちが社会に出て、重症児の福祉について、広めてくれるであろうと期待したのでした。

毎年、大量の採用と退職が繰り返され、いつも新人がいるという感じでしたが、私は施設には社会との風通しの良さが必要と思っていたので、それで良いのではないかと考えていました。ここでの経験を生かして、進学や結婚、転職などのために離職する人たちを卒業生のように送り出したものです。勤務者にとって島田療育園は、青春の場であり、さらなる発展のための旅立ちの場であり、学びの場だったのです。若き日をともに過ごした人間関係の絆は固く、退職後も友情が長く続いています。世間の人たちが想像するような、悲惨な生活ではなかったといえます。

国の予算獲得のために、職員が動員されて、霞が関に陳情に行くことがありました。私も夜勤明けの職員といっしょに、バスと電車を乗り継いで、出かけました。概算要求などということばをはじめて知りました。議員会館に出かけて、エレベーターの前や、議員控室で、議員や秘書に頭を下げて、ひたすらお願いするのです。私と同じ陳情団にびわこ学園園長の姿がありました。施設長や職員、保護者たちがここまでしなければならない政治の現実をみて、情けなくなりました。福祉を良くするためには、職員は誠実に働くだけでなく、社会や政治に関心を持たなければならないということを学んだのでした。

4
重症児の幸せとは

1　戸籍を取り換えられた子

私が決して忘れることのできない小林のことばがあります。K子さんの園長回診のときに「私は法を犯しました」としみじみ語りはじめたのです。この子は4か月の時に乳児院から養子として養親に引き取られたのですが、7か月の時に養親の希望で小林の診察を受けて、重い心身障害があることがあきらかになったということです。この時の診断名は、点頭痙攣・脳性小児麻痺・精神発達障害・視力障害の疑いで神経質な傾向が認められたのでした。私がある医師から聞いたことですが、乳児院にいるときに、関係者はこの子には障害があるのではないかと気遣っていたのに、養親が強く希望して養子に迎えたということでした。

小林は養親が重症児を育てる苦労を思って、この子と障害のない孤児を取り換えたのでした。この話を聞いて、私は養親なら子どもの障害を理由に親を止めることができるのだろうかと疑い、「ほんとうに、これでよかったのか」とその後も長い間、心にひっかかっていました。私はこの事件を公表してはならないと思っていましたが、後に小林が自著のなかで、つぎのようにくわしく説明しています。

　K子さんは生後４か月で、乳児院からあるご夫婦の養子として引き取られましたが、約１か月後に痙攣発作が出始め、知恵遅れも指摘されました。折りからN県への転勤が決まり、養父母は任地へいく前に新聞で見た小林に診てもらいたいと来られたのですが、K子さんの診断結果は前に述べたとおりですから、私は養子縁組を解消することを勧めました。ところが区役所では養子解消は不可能といわれ、やむを得ず、奥さんだけをＩか月の予定で東京に残留させ、その間にわたしはほとんど東京のあらゆる乳児院に連絡して、K子さんに代わる子どもを捜しました。間もなく希望に添うような捨て子が見つかり、K子さんが収容されていた乳児院に移籍して新しく戸籍を作り、奥さんはその子を連れて単身赴任のご主人を追ってN県に移り住みましたが、ここで私は、２人の子どもの戸籍を交換するという形で国法を犯したのです。すべての責任は私一人で負う決心でした。（略）養父母とは乳児院で別れたきりですが、多分問題なく過ごしておられるであろうと思って、私は満足しています。（『大人になった障害児』）

K子さんは１９６０年生まれで、１歳９か月で、島田療育園に入園しているので、上記の文が書かれた時点で、30歳を生きていることになります。小林は重症心身障害の本児を28年間看護してきた島田療育園の人道的な姿勢と払われた努力には脱帽すると書いています。ある法学者の意見では人道に徹しての事件なので情状は酌量されて幇助罪といったところであろうかということです（『大人になった障害児』）。

小林は障害児の幸せと同時に家族の幸せを考えていました。この子ども取り換えはすべての責任を自身が負う覚悟で、強烈な人道主義から発していたにしても、大勢の福祉関係者が協力しなければ不可能なことです。法に触れるような行為に誰も疑問を持たなかったのでしょうか。現に区役所が養子解消は不可能としているのです。K子という名前は本名ではなく、別人である捨て子の名前なのでしょうか。翌年１９６１年には島田療育園が開園したのだから、養子として養育されて後、入園させればよかったのではないかと私は思うのです。それにしても、前例のないことや一般の常識に反することでも、子どもと親の幸せのためには大勢の人を動かして実行してしまうという小林の強い信念と行動力を感じさせる事件でした。

戸籍や名前がかくも容易に軽視されて物品のように交換されていたことに驚かされます。障害児の幸福とは、子どもの権利とは何かと問われます。憲法があり、児童憲章もあったのに、子どもの権利が考慮されない時代でした。では、現在、このように養子縁組をした後に、障害が分かったら、どうしたらよいのでしょうか。愛知県では、万一養子縁組の後で、障害が判明しても、「所管する児童相談所等の療育指導を受けて保護責任を全うする」ことを誓約書によって、養親に承諾させているということです（矢満田篤二「里親制度の問題点と新生児養子縁組の実践例―実親が養育放棄している乳幼児処遇のあり方―」子どもの虐待とネグレクト　第9巻第2号　2007）。

2　重症児が生きることの意味

●子どもたちに教えられて

島田療育園の旧職員の多くが、退職後も福祉の仕事を続けています。私は、大学教員になって、主に幼児教育を担当したのですが、一貫して、二足のわらじで障害児教育にかかわってきました。カリキュラムには児童福祉と障害児教育を入れました。学生たちには島田療育園の経験を語ってきました。私が忘れないのではなく、島田療育園の子どもたちが私を離さないとさえ思われました。

子どもたちには、けいれん発作やまひによる身体の痛み、嚥下困難など、おそらく、外からは見えない多くの心身の不調がいつもあるはずです。それなのに、不自由さや苦痛を訴えることなく、あるいは、伝えることができずに、勤務者に笑顔で応え、懸命に生きている姿には、尊敬の気持ちすら湧いてきます。ともすると不定愁訴が多かった私は子どもたちにならって、これからは健康についての愚痴は言うまいなどと思うのでした。どんなときでも生きなければならないのだと、この子どもたちは教えてくれたのでした。

1960年代にはすでに受験戦争が始まっており、有名大学に入って、有名企業に就職するのが幸せな人生という考え方が広まっていました。このような価値観とは異なる生き方があることを、この子たちは無言で教えてくれたのでした。命、人間らしさ、子どもの権利、発達と教育などについて、考えさせられました。社会の様々な複雑な問題も重症児を視点において、考えると方向が見えてくるようでした。

非行少年がボランティア活動に来て、重症児を見て「自分はいったい何をしているのだろう」と考えたというエピソードが伝わっていました。

職員も見学者もボランティアも、そして家族も重い障害を持つ子どもたちから多くの学びをもらい、年月を経ても、島田療育園の風景は多くの人たちの原風景となっているのでした。小林はボランティア活動には、単に経済的側面だけよりもだいじな側面があり、それは社会教育活動ともいえると指摘し、ボランティア本人と一般社会への教育的役割として重視されるといっています。その点で、重症児は世話されるだけではなく、この子らを活かすことになるというのです（『福祉の心』）。

島田療育園には、見学や研修に訪れる大学生もたくさんいました。子どもたちを対象に研究した、優れた卒論が園の研究年報『島田療育園のあゆみ』に掲載されることもありました。学生たちが重症児と出会って、療育に参加した体験は、その後の進路選択に大きな影響を与えています。

私は最近、北海道の福祉現場を定年退職後、短大で教えているという先生とお話ししていて、およそ50年前の島田療育園で同じ時間・空間を過ごしていたことを知りました。大学1年の時、先輩に誘われて、島田療育園の遠足にボランティアとして参加していたのでした。そのまえに、映画館で「おばこ天使」（1965年、ひとりの子どもを入園させるために、秋田県から看護職員が集団就職）についてのニュース映画を見ていたことが、ボランティアをひきうけることにつながったのかもしれないということでした。病棟に入って、すぐ目にとびこんだのは、サリドマイド障害児とベッドに縛られていた子どもの姿であり、奇声とアンモニア臭であり、視聴覚と嗅覚が同時に刺激されてショックを受けたのでした。遠足で行ったゴルフ場に感じる富裕と、子どもたちが置かれている現実の格差に怒りを感じたというのです。半世紀前のことなのに、強烈な記憶です。決して、好印象ではなかったようですが、島田療育園でのボランティア活動が、卒業後、福祉の道に進む動機づけになったのでした。現在、保育者をめざしている学生に必ず重症児施設の見学を勧めているということです。

●医師になったボランティア学生

聖母病院の小児科医師だった栗屋豊（1947〜2012）は、学生時代のボランティア経験が臨床医をめざす動機になったと、と自著に書いています（『「障害児医療」40年』）。学生時代に、社会と接点を持って活動していた学生サークルがあったことを今の若い人たちに伝えたいと述べています。東大教養部時代に医療福祉研究会の活動として、島田療育園を訪れました。そのころ将来は保健行政にかかわる仕事をしたいと考えていましたが、ボランティアとして手伝いをしたり、園長回診に参加して学んだことから、臨床医をめざすことを決心してコースを変更、その後の人生は障害児医療40年になったのでした。とくに、てんかんの治療と研究およびてんかん協会の運営に貢献しました。

大学生の栗屋はつぎのような感想を書いています。

この〝島田療育園〟は重症の子どもたちだけが入っているところで、その中でも行動障害の強い子を入れるのがこの〝お城〟だった。格子があり、鍵がかかった部屋（かわいそうではないかと思わないでください。子どもたちの安全のためにやむを得ないのです）を、僕たちは牢獄をのぞくような気持ちでのぞきこみ、子どもたちの様子を食い入るようにみつめた。奇妙な声をあげて本をポンポン投げる子、ウォーと言いながらガラスにどしゃんとぶつかる子。

そして、本を投げる子から本をさっと、しかも無造作に取り上げて本棚に置いた小頭症の女の子。その女の子は一種の使命感を持っているようだった。この部屋の騒乱をおさえるという使命を。しかしその表情は無造作で無感動だった。

だが、こういう子たちはまだ「救われる」と思った。島田療育園には、生まれてからこのかた、自分で寝返りひとつできず、固形物を咀嚼する力もなく、かすかな生命の灯を燃やし続けている子だっているのだ。こんなに重症な子も全国にいくらでもいるのである。

施設に行った人の中で、こういう子たちを見て愕然とし、「この子たちは生きている意義があるのだろうか。何時間おきかにけいれんを起こし、苦しむ子どもたち。この子たちにとっても、まわりの人たちにとっても、生きているということが大きな苦痛。意識もほとんどない子どもたち。今の医学ではもう絶対に治らないと烙印を押された子どもたちは……」と考えた人もいるとか聞く。だがこういうことは、当事者でないから言えるのではないだろうか。

この子たちの遅々としても見せる変化に喜ぶ家族、保母さんなどの施設職員もたくさんいる。『悲しみと愛と救いと―重症心身障害児を持つ母の記録』という本に書いてあったが、この著者は重症児の子どもによって人生を教えられ、「この子はうちの宝」とまで言い切っている。

一方で、こういう子がいるために家庭が崩壊したりする例はいくつもあると聞く。また、こういう子どもをもつ母親は、一度は死のうと考えると聞く。国がなぜもっとこういう問題に理解を示さぬのか、お金を出さぬのか。

資本主義社会で、この日本で、真の福祉国家建設ができないだろうか、と考えるのが僕のこれからの課題の一つとするつもりだ。

次のような話が本にあった。重症児をもつ夫婦が団地に住んでいる。五つにもなるのにおむつを使う。「あの家では子どもも生まれないのにいつもおむつが干してあって変ね」と噂する奥さん方の話を耳にすることほど、苦しいことはないという。

僕ら駒場の学生が、今まで書いてきたような社会がこの世の中にあるということを知るのは当然の義務だろう。しかも暖かい目をもって、偏見をなくして知ることが。（医療福祉研究会機関誌／１９６７年春発行、『「障害児医療」40年』）

大学生が島田療育園の子どもたちを見て、大きな衝撃を感じ、その背景を真剣に考えた様子がうかがえます。通称「お城」といわれていた部屋は病室一つ分の広さがあり、廊下側と隣室との境はガラスなので明るい部屋でした。いわゆる「動く重症児」といわれた子どもたちのいる病棟では、このような部屋が必要でした。もし、勤務者がいつも、子どものそばにいることができれば、不意の飛び出しを防ぐための施錠は不必要かもしれませんが、行動予測のできないような子どもの安全のためには必要なものでした。勤務者からみれば、遊びや保育、生活上の介助でふれあいの時間があるのですから、隔離や閉じ込めというような思いはありませんでした。

しかし、一般に私たちの感覚は部屋にかぎをかけることに違和感があり、牢獄や檻を連想してしまうようです。一日の日課の流れの中で、どうしても人手の足りない時間帯がありります。もし、このような部屋がなければ、目を離せない子どもたちは紐でつながれるか、椅子に抑制帯で縛りつけるしかありません。子どもの安全のために、職員のトイレや物品庫に一時的に入れることもあり、これはやむを得ない処置として、できれば避けたいものとしながら、園長も容認していたのでした。社会福祉はひとつの施設だけでなく、社会全体が責任を負うべきものであるから、隠しごとがあってはならない、子どもを縛らなければならない現実も見学者に見せるという考えでした。

粟屋はまた、園長回診につかせてもらい、医師からもらった冊子『重症心身障害児のケーススタデー――園長回診簿より――』を後に小児科医になってからも参考にし、バイブルのように大切にしてきたと述べています。島田療育園で医療と福祉を学んだ後、びわこ学園のワークショップに参加して、発達保障理論にもとづく療育を学んだそうです。重症児との出会いと両施設での体験が、その後の小児科医療の原点になったと書かれています。大学生はたんに人手の不足を補うだけでなく、生きる意味や将来の進路を考え、勤務者や医師に療育の基本を学んでいたのでした。悩みを抱えているらしい大学生が、長期の休みをとってボランティアに来て、職員と行動をともにすることもありました。私はこのような学生には学業を優先してほしいと思っていたので、少し批判的な目で見ていましたが、子どもたちから学ぶことが多いだろうと思われました。

ここにあげた学生のように、重症児に出会った人たちは「障害を持って生きることの意味」をつきつけられて、この国のありようや自分の生き方を考えないではいられなくなります。学生もまたこの子らに育てられ、成長したのでした。

※養子が重症児とわかって、健康な孤児と取り換えた事件には障害児を育てる親は不幸という認識があります。子どもよりも親の利益を優先するということにその時代の制約がうかがわれます。

「重症児に生きる意味があるのだろうか」という問いには、健康な人の傲慢さが感じられますが、はじめて、この子らに出会ったときの驚きや、障害者に対する社会の厳しさを思えば、それも理解できることです。では「どんな人が生きる価値があるのか」と問いたくなります。誰でも重症児に会うと哲学者になるのです。このように、重症児は大きな教育力を持っていることが分かると、この子らが「生きている意味がない」なんていえなくなるでしょう。

障害が幸福に生きることの妨げにならないような支援が、重症児療育の要であると考えられます。

5

守られなかった子どもたち

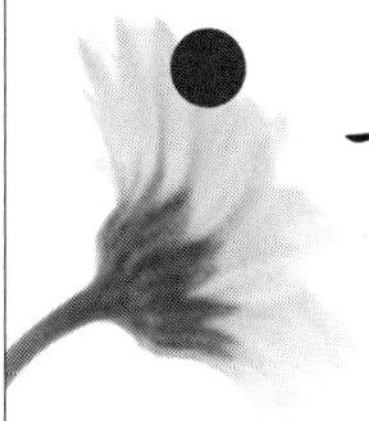

1 「動く重症児」の悲劇

●島田良夫さんのこと

島田療育園の園長室にはかわいい笑顔の男の子の写真がかけられてありました。てんかんや知的障害の重い障害があり、入園第1号になるはずだった故島田良夫（第2章参照）さんです。父親の島田伊三郎は、小林とともに施設を作るために土地探しをしていましたが、住民の反対のために難航していました。結核やポリオのように、障害が感染するという誤解や偏見があったためです。そのころ良夫さんは滋賀県にある知的障害児施設近江学園に入っており、障害の重い子どものために編成された「杉組」に入っていました。そこで、不慮の事故死をとげてしまったのです。

1959（昭34）年のことで享年10（歳）でした。近江学園では重症心身障害児施設「びわこ学園」設立の見通しがついてきて、具体的な療育方針を検討していた矢先でした。糸賀一雄は『この子らを世の光に』のなかで、良夫さんのことをつぎのように書いています。

良夫の方は知能程度が2歳そこそこ、テンカン発作があるが、小発作で回数が多かった。生活の流れになかなかはいれない。（中略）

8月下旬、良夫が散歩の途中のほんの僅かの時間に、職員の目を離れ、一人で山道にはいり、それまで一度も通ったことのない山の細い道を谷間に下り、用水池にいったらしく、数時間のうちに溺死体となって発見された。

この悲惨な事故死をうけて、近江学園では職員の勤務体制を検討したといわれていますが、このことは後の「びわこ学園」の療育体制につながっていったと想像されます。島田夫妻は愛児を亡くした後も、島田療育園の創立と運営に協力しました。島田はパチンコホールの経営者で、子どもに障害がなかったら、重症児福祉の歴史に名前を残すような人生にはならなかったでしょう。良夫さんは島田療育園とびわこ学園のほんとうの設立者ではないかと、私は思うのです。

●「抑制」による事故死

良夫さんと同じように動きの多い元紹（6歳）さんが事故死してしまいました。島田療育園は医療施設なので、知的障害児施設（当時は精神薄弱児施設）よりも職員数が多かったのですが、いわゆる「動く重症児」の命を守るには、人的・物的に不完全な環境だったのでした。

1965（昭40）年6月、子どもたちは午睡、勤務者は昼食・休憩の時間帯で、留守番役の勤務者がひとり残っていました。この子はベッドに入れても柵をのり越えて床に下りてしまうので、安静にさせるために、脳性まひ児が使う木製の椅子に座らされて、腹部をベルトで固定されていました。勤務者が離れていた時に、下りようとして、もがいているうち、身体がずりさがり、ベルトとめくれたシャツによって窒息死してしまったのです。

私が児童指導員として就職して2か月後のことで、大きな衝撃を受けました。3つ目の病棟を開設し、大勢の初任者を迎えて、あわただしくしていた時期で、夜勤者の配置には十分配慮するのに、この時間帯には一人だけという油断があったのでした。この突然の事故死について、病死と偽ることも可能なのですが、小林は両親に誠意を尽くし、まったく保身をはかるということはありませんでした。日ごろ「福祉の仕事に隠しごとがあってはならない。見学者にカーテンの向こうは見せられないという所があってはならない」と語っていましたが、まさにその信念が示されたのでした。秋田県からの集団就職の若い勤務者をはじめ、たくさんの協力者や支援者の心を裏切ってはならないと思ったのでした。

小林は事故の一切を包み隠さず元ちゃんの両親に伝えて、陳謝してつぎのような４つの約束をしました。

（１）勤務体制特に午睡の時間帯における巡回見張りを強化する。
（２）職員に対する療育教育の実施および療育指針を作成する。
（３）「心身障害者の村」をつくる。
（４）元ちゃんの記録をまとめる。

一周忌にむけて、小林は『元ちゃんとともに』という著書を書きあげました。一人っ子で、両親の愛のもと、ていねいに育てられて、お母さんは誕生から克明な育児記録をつけていました。お母さんの健康上の理由で家庭での養育が困難になり、短期入院という特例で、入園したのでした。入園の前は、小林がお母さんの育児記録に所見を書くという「ノート指導」といわれていた1年半にわたる記録がありました。そのほか、お母さんが書いた記録や、園の療育記録をあわせて、膨大な記録がありました。６年の生涯の記録をまとめて、今後生まれてくるであろう心身障害児のために、良き資料として提供しようという約束だったのです。

多忙な小林が、細かな文字で300頁の著書をわずか半年で完成させました。今の日本では障害児の理解と育て方に関する著書がたくさん出版されていますが、私はこれほどの優れた療育の本に出会ったことはありません。

園の過失によって、愛児をうばわれたのに、旧職員は両親の態度を「立派だった」といいます。裁判を起こしても当然なのに、それどころか、病棟職員を自宅に招いて、労うことさえしています。小林の著書にも多くの資料を提供して協力しています。保護者と園、小林との日頃の信頼関係があったからと考えられます。それにしても、『元ちゃんと共に』の末尾に添えられているお母さんの弔歌から、深い悲しみが切々と胸に迫ります。

お母さんの弔歌

知能おくれ耳も聞えぬわが子なり／冥府への旅守らせ給え
今一度吾子を返して呉れまほし／頬のぬくもり肌の手ざわり
君逝きて神々の仕事増しつらんと／写真に語る汝《ナレ》の父親

勤務者教育については、保母資格を希望する看護助手を対象に、学習会が行われました。

これには誰でも参加できました。翌年春には職場部門ごとに、初任者研修を約10日間実施しています。しかし、療育指針の作成という約束は実現しませんでした。これがあれば、小林の退職後も「島田の心」を伝えていくことができたことでしょう。

現在の障害児療育・教育にいたるまでには、その発展の陰にこのような「動く重症児」といわれる子どもたちの痛ましい犠牲があったということを決して忘れてはいけないと思うのです。

●「抑制」をめぐって

医療の現場では、治療の必要から抑制帯などで、病人の身体を拘束することがあり、看護婦たちも前の職場でやっていた方法で、抑制をしていました。無資格の職員もはじめは、人間的でないと思うのですが、事情を知るにつれ、やむを得ないと考えるようになります。困った行動を止めさせるために、安静にさせるために、危険防止のために、人手不足のために、やむをえない抑制でしたが、やがて見慣れた光景となり、専門的な方法とさえ思われてくるのでした。元紹さんのお母さんは夕食の後で、ベッドに寝かされ紐で抑制されている我が子をみて、心を痛めていたのですが、人手の足りない園の事情を理解しようとして我慢していたのでした。ノート指導で、小林はお母さんの疑問に対して、つぎのように答えています。

なんとかなるまいか、と思うのですが、今日のところ私は目をつむっているより致し方がないようです。元ちゃんは慣れてしまって平気だから良いというのではなく、この世界でも、私たちの常識はなるべく通用させないとならぬのです。人間として取り扱うことは当然、その人権も尊重すべきです。(中略)

人間として扱うのに、紐でゆわえることが果たして許されるかどうか。この非人道的行為を、私には許されてよいのかどうか。私は大反対。私がこれをせざるを得ないのは、即ちむしろ国の責任として考えるべきではないかと思うのです。その意味でも園の経営はガラス張りです。(『元ちゃんともに』)

今になって振りかえれば、担当の勤務者が日課の流れや安静の意味を理解できない、多動な子どもを深く理解して、適切な抑制をしていたのか疑問が残ることですが、このことについて、言及されることはありませんでした。この事故にかかわった勤務者をさらに苦しめるようなことを避けようという配慮がありました。抑制の技術を向上させることではなく、見守りの人手を確保することが検討されたのでした。

いわゆる問題行動にたいする対応として、こんなことがありました。自閉的なS子さんは、周囲からの働きかけには無関心で、物にも興味を持ちませんでした。一日中、すわったまま、にこにこしながら両手をリズミカルに上下に振って、口の中に入れるのをくり返していました。この行動は常同的にくりかえされる、意識性の乏しい習癖になっていて、指導によって、止めさせることや、他の行動に変えていくことは困難でした。本人は楽しそうなのですが、大量のよだれが洋服を汚し、悪臭となるので、その不潔な状態をどうしたら解決できるかが問題でした。そこで、厚紙を両腕に巻いて、肘が曲がらないようにしたところ、手は口に入らなくなりました。本人は手の動きを阻止されても不満の様子はなく、まっすぐにされた両腕を振っていました。

この方法はうまくいったと思われたのですが、お母さんを悲しませました。「この子が自由に動かせるのは手だけなのに、それを制限してしまうなんて」という嘆きでした。子どもに苦痛や不利益を与えているとは思われないし、職員にとっては助かるのですが、保護者や一般社会の常識からみて、疑問になるような方法はふさわしい療育方法とはいえないでしょう。

●人間らしい生活とは

衣服を脱いで、裸になってしまう子どもや自分の便で遊ぶ子どもがいます。私たちの生活文化ではこれらを見過ごすことはできませんから、上下つなぎの服を着せたりして、行動を抑えようとするのですが、子どもの方も巧妙になるので追いかけっこのようになります。なにがこの子たちにとって幸せなのだろうか。ときどき、温水のシャワーがある部屋で、裸で過ごす方が快適なのだろうと夢想していくと、とんでもない光景が浮かびます。この子たちが人間らしく生きるということは、本人たちには窮屈でも私たちの文化である生活習慣を獲得してもらわなければならないのです。重症児にとっての幸せとはなにかを、いつも、考えさせられたものでした。

小林は抑制帯などの道具ではなく、人の手を使うのを理想としました。しかし、職員がいつも子どものそばにいて、相手になって手をつないでいることは不可能なことでした。小林は抑制による死亡という衝撃と悔恨からますますコロニー（大規模施設）建設へと確信を強めていったのでした。

島田療育センター（旧島田療育園）は1998年10月制定の療育指針で、抑制についてつぎのように書いています。

身体拘束、行動の抑制はしてはならない。利用者の安全上、やむをえない場合は十分に検討のうえ、必要な手続きを経て実施する。さらに定期的見直しを行ない、抑制を必要としない方法の検討を積極的に行なう。

１９６０年代は障害児の生命は軽視され、事故死はニュースにならなかった時代です。小林は事故原因を子どもの障害に帰することなく、厳しく検証し、追悼に終わらせずに療育の書としてまとめあげ、世に問いかけました。ここにも、小林の重症児の生命に対する姿勢がうかがわれます。

2　「動く重症児」の病棟で

抑制が原因で急逝した元紹さんがいた病棟について、当時の保母だった及川（旧姓佐久間）静枝は、私信でつぎのように書いています。及川は１９６４年9月から、2年半在職しました。定義からはみでる重い障害のある子どもたちを療育していたのが第二病棟でした。

●子どもたちとの出会い

第二病棟には比較的軽症で、脳性まひ、ダウン症、小頭症、水頭症、自閉症など、さまざまな子どもがおりました。人数は50名ほどで3つのグループに分けられていました。私は最初Cグループに配属されました。Cグループは一番奥の部屋で、常に錠がかけてありました。中に入る時、鍵であけなければなりません。子どもたちは歩きまわったり、うずくまったり、ただニコニコしているけど話しかけても反応がありません。ひと月ほどして、Bグループを担当していた保母と職員の間でトラブルがあったらしく、とつじょ保母がやめてしまいました。急に、私はBグループのリーダーを任せられることになりました。障害児を見るのは、初めてではなく、8月末まで郷里の北海道A市で知的障害児の通園施設で4年8か月働いておりました。Bグループでは、前職の通園施設でやっていたことをそのままやれません。

まず、保育方針は病棟の医師、児童指導員、主任（看護婦）、3つのグループのリーダーの6人が会議をして決めるのです。会議では、私の提案がすんなり通ることが多かったのですが、さすがにビーズ通しやウサギを飼うことは言えませんでした。職員の人手不足と、知的レベルの違いや障害の程度、環境等、体験したことがないことが多いのです。

食事で驚いたのは、全員おじやのようなものを食べているのです。自分で食べられない子どもには食べさせていましたが、咀嚼しないでペロリ飲み込むのです。ほとんどの子どもがオムツをしているので、まずオムツをはずすことから始めました。男の子は大、小便を簡単にするのですが、女の子は生理が始まるとパッドを当ててあげなければならないし、汚物をトイレに流すと水道管が詰まるようになり、水があふれて床が水びたしになりました。歯みがきもさせましたが、忙しくて長続きしませんでした。

●来園者たち

翌年（１９６５年）の春、秋田おばこが集団就職しました。島田療育園の存在が全国に広がり、マスコミや有名人がぞろぞろと来ました。大臣の奥さんたちや堺正章を先頭に、ザ・スパイダーズの連中が一列に並んで、子どもたちを見て行くだけです。

坂本九ちゃんはBグループの部屋に入ると、Mくんが「キュウちゃん、パチパチやって」と大きな声で言いました。「何といっているのですか？」と聞くので、私は「『幸せなら手をたたこう』を歌ってと言っているのです」と答えました。すると九ちゃんは低い声で歌い出しました。

●リーダーとして

新人たちを、いかに指導するか、会議がありました。私の教え方が悪かったのか、主任のところに私に対する苦情や不満が持ち込まれました。とにかく、新人たちには、何も言わないことにしました。ところがある時、詰所で看護助手たちが私に何も教えてくれないと言うのです。それで、私はムッとし、「私は高校しか出ていないのよ。あんたたちと同じレベルなので、教えることできません。独学で保母の資格とったの。あんたたちも勉強したら……」腹が立っている時は言葉も荒々しくなるものです。みんなシーンとなりました。その後、私の休みの日に、何をしたらよいかわからないという人がいたので、何曜日に何をするかを書いた週間保育計画を、目立つ所に貼りました。

●子どもたち

新入園児がだんだん増えてきました。園長先生は今後のことを考え、だんだん成長して行く子どもたちの性に対する問題を懸念し、男の子と女の子を別にすることになりました。私は男の子の病棟に残り、女の子は新しくできていた第三病棟に移りました。すると、男の子たちが荒れて、特に思春期に入ったAちゃんは弱い者に暴力をふるうようになりました。子どもたちにはしないのですが、若い看護婦さんや看護助手さんに暴力を振るい、白衣を引き千切ったり、かみついたりするのです。私は弱い所を見せまいと、向かってきたらバーンと押し倒し、馬乗りになり「Aちゃん、やめなさい」と叫びました。彼女たちは、いつのまにか私を「親分、助けてー」と呼ぶようになりました。主任は「二病棟はガラが悪い」と嘆いていました。今になって、もっといいやり方はなかったのかと反省しております。結局、Aちゃんは他の施設に移されました。

新しい職員たちも仕事になれ、病棟全体が落ち着いてきました。食事もすばらしいものに改善されました。おやつなど手作りのものが出、子どもたちがおいしそうに食べているのを栄養士のTさんが来て、うれしそうに見ていました。

●悲しい出来事

悲しい出来事が2回ありました。私が担当していたKちゃんがてんかんの発作を何回もくり返し、その都度バタンと倒れ、最後に帰らぬ人となったのです。もう1件は元ちゃんの死です。私はお誕生会が間近なので病棟内の準備室でオルガンを弾いておりました。突然「キャー」と悲鳴が聞こえて来たので、出てみると、看護助手のSさんが「元ちゃんが大変！」と泣いていました。元ちゃんは、ベッドに入れておいても、すぐ下りて歩きまわるので、椅子に腰かけさせ、ベルトで動かないように抑制しておいたのですが、動いて、動いて、ベルトが首にひっかかり、呼吸困難になり、ぐったりしていたのです。私は無我夢中で食堂へ走って行き「元ちゃんが大変です！」と叫びました。丁度お昼の休み時間でみんな食事中でした。私はさっさと食事をすませ、病棟に戻っていたのです。昼休みは病棟に1人の職員が残っていてパトロールするのですが、その後、2人残ることになりました。

元ちゃんは詰所の台の上に寝せられて、O先生が何回も人工呼吸を施しましたが、とうとう息をふきかえすことがありませんでした。Sさんは事故のあと、すぐ退職してしまいました。高校を卒業してすぐ就職し、このような悲しく辛い経験をしたSさんが、元ちゃんと一緒に思い出に残りました。

3　理想の施設をもとめて

●心身障害者の村（コロニー）

1960年代に、重症児施設が各地に作られましたが、そこでも受け入れ困難な重度重複の障害児がいることが明らかになりました。たとえば、いっときも目を離せない「動く重症児」と言われた子どもたちです。社会的自立を目的にしていた障害児施設において、治療や訓練を受けた人たちのなかにも、生存競争の激しい社会での就労には困難がありました。これらの問題を解決するために、あらゆる障害やその程度にかかわらず、共同生活ができる大きい総合的な施設を作ろうという発想が生まれたのでした。

これは、ひとつの村や町ともいえる広大な土地につくられる障害者の共同体なので、植民地という意味をもつコロニーという用語が使われたのでしょう。厚生省の「コロニー懇談会」の委員には小林や糸賀も入っていました。小林は既成の収容施設のイメージを越える大きな町づくりを理想としました。障害者の施設だけでなく働く人たちの住宅や学校、商店、劇場などある一つの社会であり、町なのです。西ドイツの身障者コロニー「ベーテル」がそのお手本でした。ベーテルは人口7500人で、このうち身障者は4000人、世話をする人が3500人という町です。障害のある人は赤ちゃんから老人まで、軽い人から寝返りも打てない人までいて、軽い人は重症の人の世話をしています。みんななにか作業をし、重症の子どもも教育を受けているということです（『おんもに出たい』）。

障害が軽い人に重い人の世話をさせるということについては、小林と糸賀はそれが人件費節約という経済的な便宜から行われたら反対だと強く主張したのでした。仕事を与えることが、その人の発達や幸福につながるかぎり、施設がその人に職場を提供するという考え方に立つのでした（『おんもに出たい』）。

糸賀は「命あるものの権利を守るという考えに立って心身障害児の向上をはかり、そのことによって全国民の心がたがいに育ちあうことを願う」という基本精神を熱心に述べて全委員がこれに賛成したとのことです（『おんもに出たい』）。

小林には重症児が地域で公的な支援を受けて、在宅で養育され、生活するということは考えられなかったのでした。知的障害のないサリドマイド障害児の将来についても、障害に対する慎重な態度や偏見に満ちた社会への懸念もあってのことと思われますが、一生施設のなかで仕事をしながら生きるしかないという悲観的なイメージを持っていました。福祉すなわち施設収容と考えられていた時代でしたが、その施設そのものが不足していました。

●施設から地域へ

ドイツから来た女性宣教師ヘンシェルがボランティアとして、島田療育園のために大きな協力をしていました。ヘンシェルは看護婦であり、お盆や正月に家庭に帰れない子どもたちを軽井沢で世話をするなどの奉仕活動をして、小林の全幅の信頼を得ていました。小林はヘンシェルから聞いて、また、直接訪問した結果、ドイツにあるベーテルのような施設（町）を日本につくりたいと考えたのでした。

施設が障害種別や程度によって分類されているかぎり、法の谷間に落ちてしまう障害児・者が出てきます。障害の違いや程度にかかわらず、どんな人も入所でき、本人が主体的に働き生活する理想的な施設としては、入所者１５００名ほどの大規模施設をつくらなければならないというのがコロニーの建設の構想でした。その後、高崎市をはじめとして、各地にいくつかの大規模施設がつくられていきます。

それから半世紀近くたち、現在では障害児（者）福祉の理念は入所施設から地域生活へと変わりました。在宅やグループホームのような小規模施設で、地域社会の一員として生きることが目指されています。実際には、多くの課題がありますが、障害の重い子どもが家族と共に暮らし、医療的ケアを受けながら通学するような風景もめずらしくなくなりました。サリドマイド児はもはや50代になっていますが、多くの試練に遭いながらも、勉学、就職、結婚と一般の人と同じような人生をたどってきたのでした。

コロニーは経済の高度成長が背景にありながら、障害者に対する差別や偏見が社会を覆っていた１９６０年代という時代の産物だったと言えるでしょう。

※「どんなに障害が重くとも」（小林のことば）その福祉を守るために設立された重症児施設ですが、動ける子どもを守るには人も設備もあまりにも不十分でした。小林は人権侵害ともいえる場面も公開して、社会に「福祉の心」を訴えます。さらに、コロニーという大規模施設の建設へ、希望をつないだのでした。

施設か地域かではなく、ライフステージに応じて、多様な社会的支援を利用して、障害児も家族も人間らしい人生を生きられるようでありたいものです。それには、人権思想に裏づけられた福祉の心が一般市民の常識にならなければならないと私は考えています。

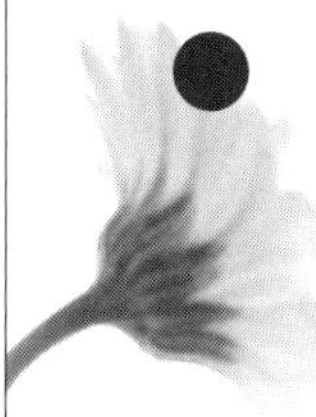

6 重症児の発達をどうとらえたか

1　発達の事実

●発達の実態

職員の気持ちは我が子の成長を見守る親心とおなじでした。19歳でおむつが取れた子がいました。トイレに連れていくより、おむつを使う方が、介助しやすいのですが、このような成果は勤務者に大きな喜びをもたらします。ときどきは中断しながら、あきらめないで、勤務者の心を一つにしてとりくんだ、しつけの成果なのです。この年齢でも発達の可能性があるという例です。

子どもがはじめて、ひとりでスプーンを使って食べるのを、病棟の勤務者が全員取り囲んで、涙することがありました。あらぬ方向を見て、スプーンを持つ手だけは正確に食物を口に運んでいるのです。その様子は健常児の食べる姿とはだいぶ違いますが、発達とみていいでしょう。精神発達が1歳に満たないのに、食事行動が自立するのは、予想外の成果でした。

無表情でいつも気をつけの仰向けの姿勢で寝たままで、人にも物にも反応がない男の子が、ある時、オーオーと声を出し、涙を流していたことがあります。これははじめてのことで、泣いていることさえ、勤務者にとってはうれしくて、大勢がベッドの周りに集まりました。なぜ泣いているのか、原因が分からず、ふしぎなことでした。このことをもって、情緒の発達ととらえていいのか、とまどいました。このように、ささやかな、しかし、大きな価値のある変化を求めて、とりくみがなされていたのでした。

微細な観察によって、微細な発達をとらえることができます。肉眼では見えない物が、顕微鏡で見えるように、重症児の発達はそのような極微のものと考えていました。発達検査や知能検査の項目にはなくても、発達の事実はたしかにありました。

１９６５年11月現在、在園した１４２名の発達の状況と行動のレベルがつぎのように報告されています（『島田療育園のあゆみ　４号』）。

生活年齢では1～25歳の子どもたちですが、その精神活動は1歳以下のもの62%、1～2歳のもの23%とおおむね2歳以下の段階にあります。

行動様式でみると、移動できない・寝たきりのもの33%、這ったりして不完全ながら自分で移動できるもの25%と併せて58%が歩けません。数歩でもとにかく一人で歩行できるものは42%になります。

言語活動では、全然しゃべれない、奇声を発するなど、言語活動としてはほとんど用の足せないもの51%、やっと喃語的発声がみられるもの25%、数語でも単語がいえるもの11%、乏しいながらも会話として何とか用を足せるものは13%にすぎません。

生活習慣では、摂食に関しては全面的介助が60%、排せつに関してはおむつ使用が87%となっています。

●小林提樹の発達観

当時は在園している子どもたちの平均年齢（10歳前後）が低く、死亡率が高かったので、職員はつねに子どもの死を意識しないではいられませんでした。子どもの死についての発言が多い小林は外部から「飼い殺し」思想の持ち主で、発達を無視しているかのように誤解され、批判されることがありました。島田療育園は「不治永患児」に、親が後悔しない死に方をさせる病院であるという一面的な見方には、私は納得できませんでした。小林はいつも発達とそれをうながす働きかけについて言及していました。小林は医学者として、障害の現実からかけ離れて、発達を療育の目的にすることを批判したのです。重い障害があり、生命維持のために濃厚な医学的管理のもとで生きる子どもたちにとって、発達や教育は優先すべき目標ではないと考えていました。生きていること自体に価値があるし、発達幸福に生きることを重視したのでした。しかし、健康状態が安定している子どもについては、発達を考えていました。

小林は、障害があるので容易ではないが、愛情を持って何らかの取り組みをすれば、伸びるし、伸ばさなければならないと考えていました。また、発達検査の網の目にはかからないが、あやされて声を出して笑う、音楽に合わせて手を振る、のように観察でとらえられる行動を小林は「下への発達」あるいは「根の発達」と表しています。重症児は何歳になっても、重症児の枠以上の発達に達することはできないが、食べ物の好き嫌いがなくなるなどの発達の可能性があるといいます。

糸賀一雄の発達観には折りにふれ、疑問を語りました。糸賀の発達観は教育と権利の視点に立っている理念であるのに対して、小林は重症児診療の小児科医の視点からの発達観でした。糸賀をはじめとする「発達の道すじは障害児も同じである」とか、「発達は無限」であるなどの発達保障の考え方は、医師の実感として、受け入れがたいものであったのでしょう。

小林はつぎのように、しつけや指導という表現で具体的に語っていました。「快感情を捕まえて指導する。知的発育が低いからしかたがないと放っておいてはいけない」といって、顕微鏡的な微細な観察ときめこまかなとりくみを求めたのでした。たとえば食事のしつけが成功しても、自然の発達によるのか、とりくみの成果なのか、正確には分からないし、効果が上がらないように見えることもあります。効果がどうであれ、努力するのは当然果たさなければならない人道的立場としての義務ととらえるのです。

効果が上がるからするというのは、誰にもできること、上がらないものにも愛情を注ぎ、努力するという根本観念は、憲法が第5条に社会福祉を謳っているからでなく、憲法以前の問題なのです。人間が社会を作って以来人道的立場が生まれ、一番の底辺的な存在として欠くべからざるものなのに、機械化と合理化の現代においては却って等閑視されています。一番見捨てられた重障児問題で火蓋が切られたのは、当然といえましょう。(『元ちゃんとともに』)

前述した元紹さん(第5章)のお母さんに対するノート指導で、食事のしつけについて「やらせてみたら難なくできてしまったというのでは、手おくれで、出来る一歩手前のところで努力させるのが適切なのです」と述べています。これは、旧ソ連の心理学者ヴィゴツキーの有名な「発達の最近接領域」概念に共通する考え方です。発達と教育の関係が経験的に、しっかりととらえられていたのでした。

このお母さんは、家庭において、子どもが階段を降りることができるようになったら、ひとりで外に出て、危険なことが起こるのではと新たな問題を心配しました。それに対して、小林はつぎのように助言します。

その時はその時のこと、私たちはいかに発達させようかと努力するのが責任のようです。ただし、幸福を獲得することが目標で、そのための発達促進であることを見落としてはなりません。ある程度将来性を予想しての見地を忘れてはならぬことも、大切なことです。（『元ちゃんとともに』）

将来、社会的な自立は望めない重症児について、発達の目的は幸福を獲得することであり、効果があるかどうかにかかわらず愛情を持って、指導に努力するのは人道的立場からも我々の責任であるということでしょう。ここでいう将来性とは本児が重い発達障害を持っているので、限界があることの覚悟をお母さんに促しているように見えます。小林は「この子たちは不運であったが、不幸ではない。幸福な、あるいは不幸ではない生涯を送らせてあげたい」と口癖のように言っていました。

2　発達検査と発達の理解

●発達検査をめぐって

児童指導員は心理判定員を兼ねていたので、発達の記録や検査も仕事の大きな部分を占めていました。発達の経過を客観的にとらえるために、定期的に知能検査や発達検査を実施しました。発達検査としては、遠城寺式乳幼児分析的発達検査とK式発達検査を、知能検査として、WISC知能検査などが使われていました。なぜか、京都児童院で作られ、市販されていなかった旧版のK式検査が、島田療育園でも使われていたのでした。近江学園の田中昌人による知的障害児の精神発達に関する研究は、私が就職する前から、先輩の児童指導員が参考にしていました。遠城寺式検査は重症児施設でよく使われている検査です。

つぎに、私が実施した遠城寺式検査の一例をあげて、重症児の発達検査とその成績について考えてみようと思います（『重症心身障害児のケーススタデー』）。

〇〇さん（女）（第3章58ページ参照）
診断　結核性髄膜炎後遺症（精神薄弱、てんかん、盲、ろう、唖、眼球振盪症、遺糞遺尿症、摂食不能、慢性便秘症）
生活年齢　15歳10か月
発達年齢
手の運動　0歳3か月（手をしゃぶったり、手で遊ぶ）
移動運動　0歳6か月（寝た位置から起きて座る）
言語発達　0歳1か月（ババなどという）
知的発達　0歳0か月（該当する検査項目がない）
情意の発達　0歳2か月（快、不快感情を示す）
社会的発達　0歳0・5か月（よく眠る）
平均　0歳2か月

15歳なのに、このような乳幼児の発達尺度で測定することの不自然さに、いつも違和感がありました。この子はとても存在感があり、愛らしく、勤務者から相手されることが多い子どもです。知的発達は通過できる項目がないため、発達年齢0歳0か月となっています。生きているのに、発達ゼロなのです。社会的発達は「良く眠る」という項目だけが合格です。これまで生きてきた15年間がまったく反映されません。発達指数は算出する意味がありません。

ちなみに、検査の領域別に、観察によって本児の行動特徴をあげてみます。

（1）手の運動　ガラガラを持たせるとつかむが、握り方に力がはいらない。両手を口にいれて遊ぶ。

（2）移動運動　寝た位置から、むくむくと起きあがって座る。その動作は鈍くおそくて、自分からそれ以上に行動範囲を拡げようとする意志がみられない。

（3）言語発達　「アッアッ、ララ、コッコッコ」などの連続的な発声遊びがみられる。対人関係的な発声はない。

（4）知的発達　視聴覚的反応は皆無だが、触覚による探索的行動として、手や口にふれたものをたしかめようとするしぐさがみられる。また、寝るときに自分でふとんをひっぱり、かぶって寝る等に知的なものがわずかにみられる。このような触覚的な反応を考慮すると、知的面と運動面はほぼバランスがとれてくる。

（５）情意の発達　快、不快感情のみに動かされていて、理由なく、興奮的に泣いたり笑ったりする。対人関係的な情意としては、人が手にふれたりすると、うれしそうな表情をするなど、触覚による対人的交流がわずかにみられる。

（６）社会的発達　自分から人を求めようとする積極的な働きかけは見られないが、人がそばにきて身体にふれると、甘えるようによりかかったり、手をいじったり握ったりする。

全体的にみると、発達的に非常に低い段階にあると同時に、視聴覚障害のために、いっそう外界との交流がなくなるので、自閉的になってしまう。連続的な発声、身体のゆすり、首ふり、泣き笑いなどは内的な興奮に支配されているものと考えられる。

この子は重複障害をもち、てんかん発作があるという重症児ですが、複雑な障害からくる制約のために、発達検査自体が実施不能になります。結果の成績はあくまで、およその推測なのです。きめこまかな観察は、検査者自身が日常的に、療育に参加して、子どもに関わっていることから得られるのです。

Ｋ式発達検査は細かな発達を実験的に把握できるので、必ず実施しましたが、例えば０歳３か月と乳児レベルの発達年齢が出ても、健常乳児の発達と質的に同じとはいえません。

少しでも発達を正確にとらえたいので、複数の検査を実施するのですが、この質的な問題について疑問が残りました。

ある時、びわこ学園の心理判定員が島田療育園を訪れて、発達について、意見を交流する機会がありましたが、彼は発達を数値化することに否定的でした。近江学園では１９６７年に、精神年齢や指数の考え方をやめて、可逆操作という用語を用いていました。びわこ学園の先生方も同じ考え方でした。その意見を聞いて、私は自分の抱いていた疑問がふっきれるようでした。

しかし、田中昌人の発達段階論はあまりに難解で、可逆操作という数学のような用語になじめませんでした。重症児は集団の平均値では理解できず、一人ひとりのケーススタデーをこつこつと積み上げて、そこから理論を作っていくしかないと思いました。当時の実験や統計が重視される心理学の世界ではこのような研究方法は科学的ではないとみなされていました。私は市販の検査は体温計のようなもので、これだけでは病気の診断はできないが、平均からの隔たりは分かるので有用であると考えていました。

●発達診断の困難

発達検査でとらえた発達のレベルがどんなに低くても、勤務者にはそれぞれの子どもの個性が見えるものです。人に対する反応が乏しい子どもでも、気が強い、やさしい、おとなしいなど違った人格、その子らしさが感じられるので、その子らを0歳0か月の発達とすることには抵抗がありました。それは、主観的で、正しい発達の評価ではないといわれてしまいますが、その主観は自然なものです。

年に1~2回、発達の経過をみるために、市販の発達検査や知能検査を行ないました。この方法は子どもをおおまかに理解するためにはある程度役に立ちますが、脳が萎縮していたり、手足がまひしていたり、視聴覚や発語の障害があるなど、複雑な障害からくる制限や不自由さのもとにいる子どもに対して、外側から見えるわずかな行動を拾っているにすぎないのです。「あれはなんだろう」という定位反応があっても、運動障害のために手を伸ばせない脳性まひ児と、物に関心がないために手を伸ばそうとしない知的障害児が同じ能力であると判定されてしまいます。社会的な有用性からみれば、それでいいという考えもできますが、療育の場では、一人ひとりの発達をていねいにとらえていくことが求められます。

人を凝視するようにみえる、きれいな目の子どもが、眼科的検査で視神経萎縮があり、見えるはずがないと診断されたことがあります。脳性まひで頸がかたいために、一見したところ、首がすわっているようにみえることもあります。

勤務者が身体に触れると、快の表情になるので、勤務者がこの子と心が通じたと感じることが多々あります。これは社会性なのか単なる触覚刺激に対する反応なのか判断に迷うところですが、勤務者が子どもにより親密にかかわるようになることが重要なのです。

一人ひとり、存在感があり個性的に見える子どもたちを、「できない」という否定の表現でしか表せないのが、疑問に思われました。なによりも、生きているという事実そのものに、数量的な評価を超える価値があるように見えました。

療育場面では、検査では説明できない姿を見ることがありました。対人反応が見られない子どもが、面会にきた家族が帰った後に発熱することがあります。たまに会う家族なのに、家族であることがどうしてわかるのか、不思議です。入園の日、ある子どもは、父親が帰るときに後追いするように大きな声をあげました。その後の観察では、かなり低い発達状態なので、この日のことが不思議に思われました。

N子さんは、重い知的障害を持つ全盲の女の子です。人にも物にも反応がなく、椅子にじっと座っているだけで、唯一の自発的な表現は原因不明の拒食のために、経管栄養によって食事を与えようとする看護婦の手を払いのける動作でした。この子が当時流行していた「帰って来たヨッパライ」の歌のレコードをかけると、両手を振りまわして、キャーキャーとうれしそうな笑い声を上げるのでした。この声が他の子どもたちの笑いを引き出し、病棟中に楽しい笑いが広がって行きました。この子は他の音楽には全く反応がないので、不思議に思われる行動でしたが、これを手がかりに勤務者からの働きかけも変わっていくのでした。

このように、発達検査ではつかめないような、偶然現れる行動があることをみれば、外からはうかがい知れない発達が埋もれていること、そういう点では発達は無限という見方もできるのではないかと思われたのでした。重要なのは、極微の変化を発達の観点でとらえるということです。

とくに、脳性まひ児の発達診断は困難でした。脳性まひの主たる障害は運動機能にありますが、重症の場合は知的障害や言語障害、さらには視覚障害などの重複障害が多いのです。これらの障害のために、心の働きは閉じ込められた状態になります。「〇〇ちゃん、おはよう」と声をかけられてから、しばらくして、「アー」という声を発するとき、この子の内面では何が起こっているのでしょう。この子が感じたことや考えていることは親密な介護者だけが感じとれるものなのです。脳性まひ児は表現手段に制限があるために、知的なレベルを低く評価される傾向があります。今では、情報技術の発達によって、コミュニケーションを支える道具もあり、ことばを引き出すことができるようになりました。発達の評価もやりやすくなっていることでしょう。

発達検査は体調の良いときを選んで実施するのですが、重症児はてんかん発作や筋緊張のために、ふだんでも不快な身体状況にあることが多いと思われます。このような身体の状況も発達検査の成績に否定的な影響をおよぼしていると考えられます。

知的障害が重いと、医学的に運動障害がないのに、手は外に向かず、足は立とうとせず、自閉的な状態になります。小林はしばしば自閉性精神薄弱という診断名を使っていました。私には重症の自閉症と重症の知的障害が同じように見えて、区別できませんでした。精神発達にとって重要なのは、音や光などの外からの刺激に「おやっ」と注意を向けて、動きを止めたり、手を伸ばすような探索的な行動があるかどうかということです。探索行動が以後の発達可能性を予測する手がかりになると思われました。

日常では、子ども各々のファイルに観察結果を記録し、写真による記録もたくさん残しました。病棟ではカルテのほかに、個人別の療育記録やグループ日誌などが書かれていましたが、これらも発達診断に役に立ちました。記録は子どもたちの生きた証であり、それぞれの職種の専門性を表すものであると考えられます。

重症児療育の歴史も半世紀をすぎました。医療や教育の場で発達診断の実践や研究が蓄積されています。療育の場で、発達を実感することがあっても、検査の網の目が粗いために数量的には変化なしになってしまうのですが、重症児の発達特徴に対応する発達尺度でみれば、大きい意義のある発達をとらえることができるでしょう。複数の目による観察を集めることが、見えない発達の事実をみる顕微鏡であり、集団的な議論の中から重症児発達診断学が作られていくのです。

重症児も基本的には一般の子どもと共通する発達過程を持つという側面があるので、発達検査の効用がここにあるわけです。現在の発達地点からスタートして、将来の経験的にはとても微少な発達を見通すということになります。一方、生物学的な障害が重いために、それぞれの子どもによって異なる独自な発達の姿になります。知的障害が重いと、外部への知的好奇心が働かないので、手足に運動障害がなくても、移動しようとせずに、座りきりで一日を過ごす子どもがいます。盲であっても、手で探るという行動にならず、自閉的な状態になるのでした。重症児の発達を理解するのは、子ども一般に共通する発達過程と重複障害のために複雑になる個々の独自性をとらえることが必要になります。

重症児は長期間、療育を受けても、発達年齢が0歳3か月から5か月になったというような、小差に見える伸びです。健常児の発達過程では、乳児期がもっとも発達速度が速いのは、よく知られていることです。重症児のものさしで見れば、大きな発達であり、療育の大きな成果と言えるでしょう。

心理検査は診療報酬の対象になりますが、医師や看護婦の仕事に比べれば、園の医療収入としての貢献にはほとんどなりません。時間をかけて、ていねいに検査をし、観察記録を書いたものを報告しても、医師のカルテには発達年齢の数値が書かれるだけなので、物足りなく思いました。

●問題行動のとらえ方

複雑な重複障害は発達過程に逸脱、歪み、停滞、遅れをもたらし、加齢とともに、いろいろの特徴的な行動を発達させています。介護者にとって、困る行動を当時は異常行動と言っていました。この異常行動は子どもが1人で置かれるときに多くなり、固執的になり、さらに介護を困難にしてしまうのでした。勤務者の最大の悩みはいつも「もっと、人手があれば、一人ひとりに相手してあげられるのに」ということでした。1対1の指導をすると、反すうなどの困った行動が軽減することが分かっています。しかし、四六時中、1対1で対応することは不可能であり、それが長期間必要ならば、他の施設に移すべきであると小林がいったことがあります。島田療育園はいうまでもなく集団療育の施設なのであるからというのです。しかし、そのような施設はありません。反すうやおう吐が長い間続いて、習癖になっている子どもには、生活習慣のしつけや保育の工夫がされていましたが、このような問題行動の解消は困難でした。

最重度の知的障害があると、気持ちが外に向かない自閉的な状態になって、奇妙な行動として観察されます。知的障害の重い盲児には特に顕著な異常行動がみられ、介護の困難をもたらし、いかにこのような行動をなくせるかがとりくみの中心的な目標になりました。小林は「異常行動が、他人はもちろん、自分自身も障害しないようなときには、見ていても気楽であり、いや、世の中のあらゆる規制も目に入れない傍若無人の姿には、むしろ社会福祉というむずかしい仕事に追われている私個人としては、救いともなるくつろぎである」と述べています。

しかし、異常行動もその子の発達レベルに照らしてみると、それ相応の行動であり、異常とはいえないのではないかと思われてきます。身体運動は発達しても、精神発達が低い段階で停滞していて、伸び悩んだ状態なので、多様な行動を広げていくことになります。一般の乳児が指しゃぶりをしていても、それは年齢にふさわしい正常な行動とみなされますが、10歳児がしていれば問題になります。健常児は時の経過とともに、行動も変化し、発達していくのですが、重症児は次の段階への移行がむずかしいのです。

不潔な習癖的行動は介護者を困らせるのですが、本人はなんら困っていないのです。遊びやエネルギー発散を喜んでいるようでもあり、消失しても新たに同じような行動が出現して介助者を悩ませることになります。全体的な発達が進まないと、問題行動を卒業するのは難しいのです。それでも、手足の機能に障害がない子どもたちの療育方法には多様性があり、工夫の余地も無限にあるように思われて、寝たきりの子が多い病棟を担当していた私には動く重症児はうらやましいものでした。問題行動は療育を展開するきっかけになり、勤務者との人間関係を深めることができるのです。

7 重症児の医療と介護

1　重症児医療とは

●医師の役割

先天異常の子どもは出生後病院で手術などを受けて、治療が終わると、後遺症を抱えて島田療育園に移ってくるのです。巨大な頭で、横を向いたままの子ども、人工肛門をつけたダウン症の子ども、口から授乳できるように、あごを手術した開口障害のある多発性奇形の子どもなど、まだ、赤ちゃんでした。健康に育っていたのに、突然の事故や疾患のために、重症児になってしまった子どもたちも少なくありませんでした。先天性でも、遺伝とは言えない原因不明なものがあります。不明のものは将来、医学の発達によって、解明されるであろうと思われました。

社会復帰や完全治癒が期待できない子どもたちの医学とは何であるか、島田療育園では医師たちの模索がありました。ある医師は「医療のへき地」といっていました。障害の軽減をはかり、日々の苦痛をなくして、快適に過ごせるようにすること、てんかんなどの疾病の治療や急性の病気の治療などがあげられます。複雑な障害をもたらした、もともとの疾患は治療不可能なので、健康管理が主になります。さらに、子どもの施設なので、発達の視点からの医療が求められます。医師は療育の最高責任者として、大きな役割を持っていました。常勤の医師は全員小児科（内科）が専門でした。

外からの訪問者が多いので、たびたび感冒が蔓延します。子どもたちは虚弱で感染症にかかりやすく、重篤な状態になりがちです。冷房設備がなかったので、夏には体温が上がってしまいます。もっとも、用心しなければならないのは入園直後の不適応状態で、容易に重態になりました。年少児が多かったので死亡率が高く、４歳がヤマともいわれ、医師もかなりの重労働でした。私の担当の病棟は特に障害が重い子や乳幼児が多かったので、1年に10名近く亡くなるということもありました。濃厚な医療管理のもとで、健康状態が安定している子どもがいる一方で、容態が急変する子どももいて、つねに子どもの死を意識させられました。

●小林提樹の「第5医学」

短い生涯の子どもたちに幸せな、少なくとも、不幸ではない生活を送らせてあげたい、親が納得できるような死にしたいという小林の考えは、私も同感でした。重症心身障害のために苦しみを訴えることなく死んでしまう子どもとの別れ、そのような経験と無縁の人たちには小林の療育観と死生観はとうてい理解できないだろうと思われます。

小林は重症児の医療を「第5医学」と考えていました。「第1医学」は保健医学、「第2医学」は予防医学、「第3医学」は治療医学、「第4医学」はリハビリテーション医学であり、重症児医療はこの4つでは覆いきれない、はみだすものであるというのです。「第5医学」とは大往生であり、医学的に、解剖学的にも加害者となるべき死因が発見されないものであることが証明されるような天然死を迎える技術、それが「第5医学」のもっとも大きな目標であるということです（『福祉の心』）。幼児でも老衰に似たような死が望ましいのです。ていねいな医療と看護のもとで、幸せな生を終えるということで、そのような死は家族や看とるものに悔いを残さないのです。私の印象では、老衰に似た大往生と思える死亡はありませんでした。ローソクの細い炎が強い突風によって、一気に吹き消されるように感じられました。

小林の「第5医学」の提唱は医学界では先進的なものとして評価されていますが、福祉や教育の分野の人たちには、子どもの死など考えたくないので、おぞましくすら感じられ、誤解されているようです。放置して死を待つのではないのです。これは生命観であり、生命の尊重と幸福の実現という積極的な療育観と一体の考えとして理解すべきなのです。

遠足や日常生活の中で、介助者が知らない間に子どもが骨折をすることがありましたが、子どもは自ら痛みや不調を訴えることができません。レントゲンや注意深い観察によって骨折が発見されるのですが、こんなとき介助に当たっていた勤務者は自分を責めて苦しい思いに駆られます。

小林はふだんの生活で骨折することは自然骨折といえるものであり、それを恐れて安静の生活をさせるのではなく、楽しい生活をさせるほうがいいというのです。また、ある子どもは亡くなった後の解剖で死亡原因の病気とともに、ミルクの誤嚥が発見されました。ふつうの生活で気管支にミルクがどんどん入ってしまう状態は介護のミスではなく、自然死と考えられるというのです。骨折や誤嚥を自然とみなすのは、現代医学では異論があると思いますが、当時は予防が困難だったのです。同様に、てんかん発作が止まらない子どもを多量の薬で眠らせておくよりは、発作を起こしながらも楽しい生活をさせた方がいいということになります。

医師の立場としては、ハラハラさせられる状況もあったと思われるのですが、このような考えは勤務者の不安を軽くするものでした。どの医師もドクターストップをかけて、勤務者の療育活動を抑えるようなことはなかったので、医療体制にありながら、子どもらしい生活を優先することができたのでした。

子どもが重篤な状態になると、家族に抱いてもらいました。このほうが寝かせておくより安静になり、治療効果があるのです。人の区別がつかないような発達レベルの子どもにもみられる、親子の絆の不思議さに私は感動しました。家族がいないときは勤務者が交替で抱いていましたが、人手不足の状態で行なうのは大変でした。

小林が亡くなった子どもに聴診器をあてて、「私にあいさつしないで逝ってしまった」と言ったというエピソードがあります。小林には子どもを患児の死として、対象化するのではなく、「この子は私である」という独特の交流の世界があったのです。

病棟担当の医師たちは子どもが危篤状態になると、不眠不休の対応をしていました。とっさに自分の口を子どもの口につけて息を吹き込んだ医師もいました。強い力であの世に連れ去られようとしている子どもをなんとしてもこちらに取り戻そうと必死に尽くす医師と看護婦の姿に私は深く感動したのでした。親が「もう酸素吸入を止めてください」「私が死ぬ時でも、これほどの看護はしてもらえないでしょう」というほどに手厚い医療がなされていました。

例えば、出生前にダウン症が分かっても、生きる権利があり、中絶反対、人命尊重というのが小林の考えで、障害児が生まれることを恐れない社会を目指したい、そのためには社会に受け皿がなければならないというのでした。障害児をかかえて苦労してきた親たちの子どもを失う悲しみや贖罪の気持ちは他人には想像できないほどの苦悩です。みずから、生後間もない長男を看とった小林には、重症児の生の終わりの医療に対する並々ならないものがあったように、思えました。

Ｔ夫さんは虚弱で、しばしば重篤な状態になりながら、必死の治療を受けて乗り越えていました。この子のお父さんが再婚したという知らせが園に届いた時、小林は「この家族にとっての、この子の役割は終わった。過剰な医療はやめよう」といったのでした。一見、残酷に聞こえる発言ですが、いつも家族の幸福と背景まで考えるのでした。小林の話はいつも、勤務者に向ける指示ではなく、考えさせるための問題提起であって、実際には、介護の手抜きになることはあり得ませんでした。

勤務者は子どもが濃厚な治療を受けて、かろうじて生きている様子を見ると、一秒でも長く生きて欲しいという思いは変わりませんが、どんなに苦しいだろうと想像されて、辛くなります。小林は過剰な医療と介護をいましめる一方で、安楽死には反対でした。最後の最後まで、生きるための戦いがありました。この子たちの生きる権利や命の尊厳をどう考えるべきか、ほんとうの幸福とは何か、結論の出ない、むずかしい問題をいつも突きつけられたのでした。

小林は慈悲深い医師であると同時に、冷静な科学者でもありました。島田療育園は小林の出身である慶応大学医学部と提携していたので、子どもたちはときには医学教育と研究の対象でもありました。私は、小林が慶応大学で講義をするために、サリドマイド児につきそって行ったことがありました。

●子どもの死亡と医学への貢献

子どもが、万一死亡した場合は慶応大学で病理解剖をしていました。入園する時に、親たちは解剖承諾書の提出を求められ、早くから子どもの死を覚悟させられる親の心情には複雑なものがあったのではないかと思います。後に、これは廃止されました。私は医療者ではないのに、数回、解剖に立ち会いました。命を奪うことになった原因や障害児になった原因をつきとめたいと思いました。社会からは役立たずといわれた子どもたちは、最後に、医学に大きな貢献をしました。この子たちの死は、意味のない終わりではなく、その後に生まれる障害児がより良い療育を受けられるようになるために、大きな足跡を残していったのでした。

島田療育園では重症の子どもが多いために、開園以来の7年間に45名が死亡しています。全員剖検が保護者から許されていることについて、小林は生存中になされた療育の努力に対して、職員への感謝の意を表したいと述べています。剖検報告は学会誌などに発表されましたが、他に類のないほどの貴重な学問的貢献が見られているとのことです（『島田療育園のあゆみ　4号』）。

●検査と治療

重症児の障害は脳の障害からきているので、脳の医学的検査は重要なものでした。脳波のほかに、脳に空気を入れる検査や、脳血管に造影剤を入れて撮影する検査がされていました。私は、気脳術や脳血管撮影は障害の診断や治療のために重要であるということは理解していましたが、障害を根本的に治すことができないのに、このような大きな身体的苦痛を伴う検査があることに胸が痛みました。園長回診のときに医師が報告する検査結果は発達状態を理解するうえで、役に立ちましたが、現在の発達した医療をみるにつけ、過去において、こんな原始的で、辛い検査がされていたことが忘れられません。

小林は医学的研究に熱心で、小児神経学研究会を立ち上げ、後進の養成にあたっていました。他の医師たちも医学的な探究心にあふれ、学会発表や専門誌へ論文を発表していました。島田療育園は障害医学においても先駆的な役割を果たしていたといえます。当時「不治永患」といわれた障害も医学の進歩によって、今では治癒や軽減を実現したものもあります。

当時の日常的な医療的ケアは経管栄養と痰の吸引程度で、重篤な状態では酸素吸入が行なわれただけでした。経管栄養は嚥下困難な子どものほかに拒食癖の子どもにも行なわれました。このような子どもには口から食べることを目標に、口内に少量を入れて味を教えることから始めて、長期間かけて経口摂食へのとりくみをしました。てんかんのある子どもたちには、薬の副作用で歯茎がはれているのが目立ちました。今からみると、素朴で、発展途上の障害児医療でした。

●医師のカルテから

つぎに、原田あや医師がかかわった重篤な子どもの医療について、引用したいと思います(『島田療育園のあゆみ　4号』)。医師として、人間尊重の根本理念のうえに立脚して初めて、良き看護や療育や治療が成り立ち、さらに良き社会福祉にまで連なると考えています。島田療育園の介護をみて「命をとりとめるために、それほどのことをしてよいかどうか。単に命をのばすだけにすぎまいが」という言葉があることを承知していると述べて、「私たちは私たちなりに精いっぱいの努力をぶちつけている。その努力が私たちの自己満足でなく、社会一般の共感を得た、良い姿のものであるとすれば、私たちがこの重症児からいろいろな得がたい勉強を教えられることばかりでなく、さらに私たちの努力は大いに報われたことになろう」と続けています。

重症児が育ち、生きるためには日常的に医療や看護に守られることが必要ですが、生死を分けるような重篤な状態の子どもの医療まで福祉施設が担わなければならないことに、疑問を持ちながら必死の努力をしていたのです。ここに、当時の島田療育園の医療活動の一端をうかがうことができるでしょう。

脳性まひのＯさん（男）は１９６８（昭和43）年に３歳４か月で入園したのですが、いつも体調不良で、子どもらしい生活を楽しむこともできずに、翌年４歳３月で死亡してしまいました。直接の死因は気管支肺炎でした。

入園後の経過を原田医師の報告から引用したいと思います。

入園時体重７・65kg、貧血著明、不安におびえた顔貌、夜泣が激しくみられた。然し食欲はあり、心配された入園時不適症状も軽度、体重は順調に増加し、表情も明るくなり、病棟においては手のかからない存在となった。哺乳時全身の緊張はみられたが、夏期体温40・８度の上昇をもった際に、後弓反張はみられなかった。

昭和43年10月末病棟に感冒が流行、11月初旬本児も軽度感染、12月初旬本児も軽度感染、12月初旬再び咽頭炎による発熱をみ、それ以後体温は37～39度の弛張熱がつづいた。体温の乱れについて諸検査施行、その結果低色素性貧血の他所見はなかった。

　昭和44年1月15日より、猛烈な後弓反張と高熱がつづき、3月上旬まで酸素吸入がつづけられた。1月下旬、2月初旬3月初旬と3回の時期に本児の心臓は停止するのではないかと思われた。病棟全員の絶えざる細心の看護が報いられたかのように、3月中旬すぎた頃より次第増《ママ》に落ちつきをみせ、減少した体重も増加傾向をとり、笑顔もみられるようになった。3月下旬には体温37・3度以上となることは少なくなり、3か月間全く自発的な行動がなかったものが、僅かながら下肢の動きなど認められるようになった。4月上旬をすぎた頃より便性状が悪くなり、治療乳を用いても、薬剤を投与しても回復せず、食欲があるにもかかわらず、体重減少が目立ってきた。然し、心の動きは活発で、話しかけに対しよく笑うようになった。4月24日再度高熱をみ、26日には正常体温となり4日間を経過した。

　4月29日ミルクの残量が目立ったが、静かな一日であった。夕方、様子を見に患児の傍にいっておどろいたことに、顔貌は死相を呈し、脈膊はふれず、心音は聴診上微弱、呼吸は停止しているかの如く静かであった。救急処置を施行、脈膊は徐脈ながら回復、発熱はみられず数時間を経過した。点滴開始1時間後の午後11時、突然後弓張始まり、低かった体温が急激に上昇41度に達し、加えて今までの後弓反張時にみられなかった大きな声で啼泣がつづけられた。この高熱と啼泣が15時間余り休むことなくつづき、昭和44年4月30日午後4時15分遂に心臓は停止した。

鎮静剤などの効果がなければ、あとは看護技術に頼るのみになりますが、重症者が多発したり、勤務者に病欠者があったりすると、治療はいっそう困難になります。深夜の夜勤者は助手を入れて3名の体制で、50名近くの子どものおむつ交換、ミルク注入、氷枕の入れ替え、嘔吐の処置、発汗の多い患児の更衣などで余裕がないので、医師としてオーダーを出すにも看護体制を考慮せざるをえません。看護師が重態の子どもに1対1で常につきそうことができない状態なので、原田医師は子どもたちの命を守るためには自分がナース的な仕事をすることもしかたがないと考えて、当直の夜中に子どもを抱き続けることまでやっています。医師としてのプライドがどうのこうのなどと、いってはおられません。脳性まひの子どもは全身が弓のようにつっぱる反射（後弓反張）が起こるために、点滴が困難になり、氷のうは額からすべりおちてしまいます。重症児特有の看護技術が求められるのです。抱くとつっぱりがおさまり、安静になるので、母親の協力を求めることになります。入園後も療育は家庭とともにあるべきという園長の考えがここに生きているわけです。親がいないときは、勤務者もできるだけ、交替で抱きます。医師は看護体制や保護者の事情など、総合的に判断して対応するよう求められていたのでした。

病棟は部屋ごとの仕切りはあるものの、いわゆるワンフロアーのような構造になっていて、完全に隔離できる個室がなく、集中治療室のような設備もありませんでした。子どもたちの日常生活が営まれている同じ病棟のなかで、重篤な病との必死の闘いがされているわけで、連日、病棟全体が緊張におおわれ、息をひそめたようになります。こんなときには、他の子どもたちと楽しく遊ぶ気持ちにはなれないので、児童指導員の私は無力さを痛感するのでした。

※当時の医療は医師の判断で、積極的な医療を行なって延命をはかりました。家族も職員も迷うことなく、医師の方針を信頼して、全力を尽くしました。絶望的な段階になっても、すべての治療を停止して、看とりをするということはありませんでした。小林は「生あるものは生かす、命あるものは助けよう。これが根本的原則である」と述べています。

現在のように、親が治療の種類や停止まで判断しなければならない選択的医療は、私にはどんな結論を出しても親に後悔が残るように思われます。どこからが治療のやりすぎになるのか、判断が難しいことです。かつて、どんなに障害が重い子どもでも、その尊い命を生かすために、最高の医療を施そうと努力した医師たちがいて、そして、苦しみに耐えながら生を全うした子どもたちがいて、現在の超重症児が生存できる医療があるのです。

医療のなかに重症心身障害児というカテゴリーを設けて、最高の医療と研究がなされたことに、「どんなに障害が重くとも」という小林の人命尊重の信念が受け継がれていると感じます。

2　第一に清潔

後にびわこ学園の園長になる高谷清は１９６６年、はじめてびわこ学園を訪れての感想に「重い障害のある子がいる部屋に入ったとき、何ともいえないすえた臭いが鼻をついたことをおぼえている」と書いています（『重い障害を生きるということ』）。私は学生時代にある公立の知的障害児施設を見学したのですが、玄関に入るなり動物園のような臭いがしたことをおぼえています。当時の入所施設はどこでも、このようなものでした。学校のような公共施設でさえ、水洗トイレはほとんど普及していなかった時代でした。

島田療育園は、徹底して清潔を重視していました。ほぼ8割の子どもがおむつを使用していて、大きい子どもには1回に布おむつを10枚も使うのでした。園長はいつも「小便の臭いがするような所は人間の住むところではない」と言っていましたが、見学者は清潔さに感心したものです。病棟では、清潔なおむつやタオル、衣類が惜しみなく使われていて、少しの汚れでも洗濯に出されました。
広い洗濯場は工場のようで、山のようなたくさんの衣類の洗濯とおむつたたみの作業の様子は圧巻で、見学者を洗濯場に案内する時は誇らしい気持ちになったものでした。漂白剤や柔軟仕上げ剤によって、布おむつは清潔に、やわらかに仕上げられていました。創立間もないころは職員総出で洗濯をし、外に干したそうでしたが、私が入職した１９６５年以後には、洗濯部門が独立していました。洗濯場も、増築により、新しい建物に移っています。この時代の一般的な衛生観念に比べて、徹底した清潔さでした。このことは医療体制の施設でなければ、実現できなかったことであり、子どもも職員も清潔でなければならないという考えにもとづくものでした。小林はつぎのように、便臭の中で生活することは人道問題であると述べています。

おむつの使用やおもらしなど、悪臭を出すことは多いのですが、建築や換気方法や便尿の取扱い方の工夫で、不快感を軽くすることはできます。便の臭いの中で生活することは自他共に人道問題と考えなければなりません。（『大人になった障害児』）

このように、清潔さが自慢でしたが、それでも、見学者は「アンモニア臭が記憶に残った」といっており、完全な消臭は困難だったようです。介護全般とくに食事や排せつの介助を清潔に行なうことができるということは、単に衛生的な面の必要だけでなく、勤務者の心理的負担を軽くします。施設では財政的な厳しさがあっても、清潔な環境が最優先されるべきでしょう。

勤務者の服装は保育士がクリーム色のユニホームで、看護師と看護助手は白衣、児童指導員は医師と同じく白衣で、男性の児童指導員は私服でした。看護師は看護帽を、看護助手は三角巾をかぶっていました。清潔優先の服装がいかにも病院という雰囲気をかもしだして、子どもたちは病人のようという印象を与えてしまうのでした。

３　サリドマイド児

●「幼若重症児」として

母親が妊娠初期にサリドマイド剤の睡眠薬や胃薬を服用したことから、上肢や耳の奇形や内臓の障害を持つ子どもが生まれました。日本では、１９５８年から１９６４年の間に、

1200名出生したと推定されていますが、1965年には二百数十名の生存が報告されています。研究者によって、出生数などが違っていますが、裁判の和解によると、1981年4月時点でサリドマイド障害者は309人となっています。生存率の低さは、生まれても、生きることを許されなかった子どもたちがいたことが推測されます。主な障害は四肢の欠損と耳の障害です。上肢の障害が多いのですが、耳（聴覚）の障害を主とする人や両方が重複している人もいます。内臓に障害を持つこともあり、障害の程度は人によって異なります。

重症心身障害の定義に当てはまらない子どもたちでしたが、島田療育園が行き場がない子どもをひきうけたのは自然の成り行きでした。乳児は重症児と同じようにていねいな養育が必要です。「幼若児」であるがゆえに、重症児として、また家族の立場から「社会的重症児」（小林のことば）とみなしてのことでした。家族が世間体を考えて養育を拒否し、社会から隔絶するための入所が多かったそうです。受け入れた子どもは15人になります。1966年前後には、家族にひきとられたり、他県や都内の専門施設に移されたりして、全員が退園しています。園外には、知的障害がないサリドマイド児を入園させていたということで、批判がありますが、緊急避難的に家族の救済と子どもの養育を担ったことを、必要なことであったと私は理解しています。

訓練・治療といってもマッサージ程度で、中心は保育でした。上肢がほとんどない子には、ときどき将来の義手装着を想定して、装飾用の義手が用いられました。子どもたちは、2～3歳という年齢では、生活にこれといった不自由もなく、障害のある上肢を工夫して使っていました。S子さんは肩から団子のような短い上肢と指が一本あるだけでしたが、肩や首、あごなどを使って、物の操作をしていました。また、下肢が上肢の機能を補っていました。N夫さんは足指を使って、小さい積み木を12個、上手に積むことができました。サリドマイド児は将来義手を使うようになることが期待されていましたが、私は足を器用に使うのをみて、足指を使って食事をしたり、絵を描いてもいいのではないかと思いました。小児科と整形外科の考え方の相違があるようでした。

障害程度が最も重い病棟のなかの、専用スペースで専任の保母と看護婦、看護助手が養育にあたりました。保育所保育の経験を持つ飯野俊子保母が特別扱いをすべきでないという国の方針に対して「この子たちは、障害児ではない。ふつうの子である」と考えて、保育中心の生活を守り抜いたのでした。朝のベッドメーキングの時間帯は、児童指導員である私が子どもたちを連れて、戸外散歩をしました。廊下から玄関、外に出るまで、事務室からわざわざ人が出て来て、にこにこしながら、ながめたり、声をかけたり、いっしょに遊んだり、写真を撮ってくれたり、この子たちは人気者でした。反応の乏しい重症児が多い中で、この子たちの健常な発達は輝いて見えました。

●大人になったサリドマイド児

1961年、両上肢が完全に欠損している新生児（男）が北海道の乳児院の前に捨てられていました。市長が名前をつけて、この乳児院で育てられました。後に名乗りでた父親によって、サリドマイド障害であることが分かりました。このMさんは4歳のとき、はるばる北海道から島田療育園にやってきたのでした。大柄で、元気がよく、活動的な子どもでした。その後、どんな人生をたどったのかと私は気になっていたのですが、最近出版された『生きる場所のつくりかた』という本によって、私は思いがけず、近況を知ることができました。現在は52歳で、北海道の農場で働いていました。再会した父が姿を消したため、家族の支えは得られませんでした。肢体不自由児施設やサリドマイド福祉センター「いしずえ」に支えられて成長しました。大学を卒業した後、波乱万丈の人生をたくましく生きぬいて、2001年にこの農場にたどりついたのでした。

Mさんは他のサリドマイド児と同じように、義肢になじめず、生まれた時から手がないので、不自由を感じないで成長しています。ほうきの柄を首に挟んで牛舎の掃除をします。足指でパソコンを操作し、ボールペンを握り、足指にスプーンを挟んで、食事をします。

車も足で運転します。

この農場「新得・協働学舎」は障害を持つ人をはじめ、社会になじめない人たちを受け入れて、酪農や乳製品を作っているところです。創始者である宮嶋眞一郎はクリスチャンで、小林と同じように、ドイツの福祉の町ベーテルのような町を作りたいと考えていたのでした。ベーテルは救済より、ともに働くところなのです。孫の宮嶋信は、父親の勧めによって、高校を卒業後、島田療育園で2年間働いています。はじめは、清掃、あとには看護助手として、療育に当たっています。私が勤務していた時期で、Mさんが在園していた時期でもありました。

サリドマイド児として、乳幼児期を重症児施設で過ごしたということが、大人になって、どのように意識されているのか、私は気になっていました。飯野保母は子どもたちの在園中はもとより、退園後も家族と子どもたちを守って、ほぼ50年も支えてきました。現在、50代になった彼らのうち、今でも半数の人たちと交流があるそうです。一時期、この子どもたちと意識的に会わないようにしていたところ、彼らの方で、家族以外に自分を育ててくれた人がいたはずと言って、探し当てたそうです。乳幼児期には、外見から想像される不自由さや、今後どんな医学的な問題が発生するか分からないという懸念、社会にある偏見や差別などを考慮して、小林は一生を施設で送るのが幸せと考えて、コロニーの建設に向かっていたのですが、担当の保育者はあくまでもふつうの子どもとして保育していたのでした。今、50歳前後になったサリドマイド障害者は社会の中で、進学、就職、結婚とそれぞれの人生を生きています。上肢の不自由さは義手ではなく、自分の知恵で工夫して克服しています。たとえば、Y子さんは卵を割るのに、卵を脇の下に挟んで持ち、下に置いたボールのなかに落とすのです。

今日、1960年代は多くの国民には「あのころは夢や希望がかなった」「輝いていた」というように明るく回顧されるのですが、深刻な公害問題がありました。中でもサリドマイド事件は悲惨な薬害でした。島田療育園の歴史の中では、ほんの数年間を駆け抜けた子どもたちでしたが、障害児福祉の歴史にしっかりと位置づけて、記憶しなければならないと思うのです。上肢が欠損していても、彼らは人間の限りない発達可能性を具体的に教えてくれました。もし、当時、現在のように超音波診断で、胎児の障害が分かるとしたら、この子たちは生まれることができたのでしょうか。現代の出生前診断の技術の発達がもたらす功罪について、考えないではおられません。

4　日課と病棟職員の配置

１９６９年の病棟の日課を職員の業務内容からみるとつぎのようになっています。これは障害の程度が最も重く、医療管理が必要な病棟のものです。

0：30　申し送り
1：00　オムツ交換、検温
2：00　カルテ記録、ミルク準備、巡視、看護室整理
3：30　哺乳（注入）
4：30　カルテ記録、巡視、ミルク準備
5：00　オムツ交換
6：00　有熱児検温、投薬及び記録
6：30　朝食介助、投薬

7：30　哺乳、ミルク注入、投薬
8：00　記録、ミルクの後片付け
8：30　申し送り、ベッド整理、お顔拭き、オムツ交換、更衣
10：00　医師廻診、処置、保育
10：30　哺乳及び離乳食
11：00　昼食介助、投薬、昼食後の片づけ、お顔拭き
12：00　検温、カルテ記入
13：00　入浴
13：30　オムツ交換
14：00　おやつ、器械消毒
14：30　哺乳（注入）及び離乳食、投薬
15：00　保育
15：30　夕食、投薬、夕食後の片づけ
16：30　申し送り
17：00　オムツ交換、カルテ整理、ミルク準備
18：00　有熱児検温

18：30　哺乳（注入）、投薬
19：00　夕廻診、記録、巡視
20：00　夕廻診、記録、巡視
21：00　オムツ交換
22：00　カルテ記録、巡視
23：00　哺乳及び注入（離乳食児を除く）
24：00　巡視

私は、子どもたちの夜間の様子を知るために、深夜勤務を観察参加させてもらったことがあります。夜勤の時間帯では、とくに重篤な子どもがいなくても、勤務者は仮眠をとることができません。深夜に2回のおむつ交換だけでも、50名近い子どものおむつ交換を3人でおこなうのは重労働であり、苛酷な勤務といわざるをえません。私は、もうろうとした頭で朝食の介助をしながら、看護職の厳しさを実感しました。

日課表によると、保育は1日1時間と短時間ですが、これはグループ全体で実施する設定保育です。それ以外の時間は随時個人ごとの保育方針で相手をしていました。食事やおむつ替えなどでも、子どもとのコミュニケーションが重視されていました。夕食後は勤務者が少なくなるので、子どもたちは長い夜をベッドで過ごすことになります。この日課表で、一番の問題は夕食が職員の日勤時間に合わせて設定されているために、15時半という早い時間になっていることです。厨房の勤務体制のうえでも、やむをえないとされていましたが、当時は改善することができませんでした。このため、サリドマイド障害の子どもたちは例外の扱いで、夜のおやつを与えられていました。

看護婦、看護助手、保母の病棟職員は配属数25名の場合、つぎのような配属で交替勤務になっています。子どもは約50名です。

深夜勤	3名	24：30〜8：35
準夜勤	3名	16：30〜24：35
日　勤	9〜11名	8：30〜16：35
早　番	3名	6：30〜15：05
遅　番	なし	

当時の基準である子ども2人に対して勤務者1人という割合では、一見したところ、充実しているように見えますが、実際は交替勤務や休暇のために勤務状態は複雑で、ゆと

りがありません。現在の肢体不自由児を主な対象とする特別支援学校では教員のほかに支援員を入れて、ほぼ1対1で教育活動をしているということを鑑みるなら、入所施設では、1対1でも人手不足であるのは当然なことでした。

保護者、研修生やボランティアの応援を入れてもきびしい労働実態でした。入職時は健康そのものであった若い職員が交替勤務のなかで、身体のリズムを崩して、体調不良になるのは、痛ましく思われました。よりよい療育を目指していけば、そのぶん労働強化になります。便利な福祉用具がほとんどない時代でしたが、入浴の時にリフトなどを使うのは人間的な扱いではない、すべて、人の手で介助したいという方針でした。子どもたちは障害があっても、ふだんは、病人ではありません。パジャマを着たまま、一日中ベッドで過ごすようなことはあってはならないことです。更衣の介助は他動的に手足を動かし、機能訓練にもなるので重要と考えていました。日中は子どもたちをベッドから椅子や床に移動させる、戸外で過ごすなど、子どもたちの生活における介助全てが勤務者の身体の負担になります。

腰痛問題はびわこ学園でも同じように問題になっていました。腰痛は、早期離職の原因の一つでもあり、どこの施設も慢性的な人手不足にありました。当時は、理学療法の専門職がいなかったこともあって、介護者の腰痛を予防する介助方法について、組織的にとりくまれることはなく、各自が経験的に工夫しているだけでした。私自身が心がけていたのは、床から抱き上げるときには、膝を曲げてしゃがみ、子どもの身体を自分の体に密着させて抱いてから立ちあがるということでした。

8 療育条件と実践

1　環境条件

はじめての重症児施設であったため、後につくられた「重度の精神薄弱及び重度の肢体不自由が重複している児童」という重症心身障害児の定義（児童福祉法、昭和42年改正）に当てはまらない、多様な障害の重い子どもが多く入っていました。動きの激しい歩ける子や知的障害のない子どもたちがいました。

一般病院と同様の設備だけだったので、屋内での遊びや運動のためのスペースはなく、学習室や専用の食堂、遊戯室はありませんでした。運動障害がある子どもの機能訓練室も作られてないのは、治療不可能と見なされていたからでしょう。そのため、日中はベッドを動かして空いたスペースで、活動を行ないました。管理棟の玄関ホールの応接コーナーや、廊下など、園舎全部が療育の場になりました。朝は歩ける子どもたちが電車ごっこのようにつながって廊下を行進しました。外遊びには中庭や裏山が使われていました。歩ける子たちは中庭で自由に走り回っているのですが、自閉症児が耳を押さえながら、他児に同調するかのように走っているのは、ほほえましい光景でした。動けない子どもは勤務者に抱かれて、玄関ホールでテレビ視聴をしました。

個別指導をするための適当な部屋がなかったので、学習指導の場に動ける子どもたちが入ってきます。青年期に必要な一人になれる場所もありませんでした。トイレや浴室にプライバシーの配慮が全くない構造で、今なら人権侵害とさえ思えるほどです。

このように、障害の特徴も子どもらしい生活も配慮されない建物と設備でした。それでも、ましと思えたのは次のような話を聞いていたからです。定義通りの重症児であるOさん（男）は日系アメリカ人で、軍人の父親に連れられて来日し、島田療育園に入園していました。父親はここでは子どもがそれぞれ自分のベッドを持っていることを喜んで、入園を希望したそうです。アメリカは豊かな国なのに、信じられないことでした。

第二病棟には、知的障害がない脳性まひ児と運動障害がない知的障害児（小林のいう「動く重症児」）が入っていました。健康状態が安定していて、あまり医療管理の必要がない子どもたちです。特に行動上の問題があって指導困難な子どもたちは「お城」という施錠した部屋で療育されていました。小林はこの状態を望ましくないと考え、その後につくられる専門施設にも参考にしてもらうために、見学者にもオープンにするという姿勢でした。「第二島田療育園」を別個につくってやっていく以外に、もうこの子どもたちの幸福は守りきれないのではないかと考えるほどでした。実際、見学者がもっともショックを受けたのは、この部屋でした。保護者には室内に2〜3度入ってもらったところ、その存在意義については理解されたのですが、子どもを「お城」に入れたくないというのが保護者の正直な気持ちでした。

この「お城」について、病棟職員が研究報告をしています。この部屋を使っていたのは重症の知的障害とてんかんをはじめ自閉的行動や種々精神障害を持った子どもたちです。ほとんどの子どもに多動傾向、固執傾向があり、ふだんの行動の中にも習癖的行動異常の多い子どもたちです。生活年齢8歳〜16歳、精神発達は6か月〜1歳6か月で、歩行可能です。日中、屋内での保育はこの部屋で行なうのですが、面積は17・25平方メートルで、1人あたり1・3平方メートルとなり、勤務者も入るので超過密になります。13名中、ちょっとしたすきに出ていく子や、外に出たがって泣きわめく子が4名います。部屋の外に出れば、病棟中を歩きまわり、病棟の外に飛び出してしまう子どもたちですが、狭い室内では動きが少なくなり、自傷や他傷、つば遊びや身体ゆすり（ロッキング）等の自己刺激行動にふけることになります。他傷行動があっても、子ども同士の交流がありません。報告者はつぎのように訴えています。

もっと広い場所があれば、この様な狭い部屋に入れっぱなしということはないのですが、現状では、不本意ながら鍵でとじこめるという形になっています。将来はもっと広いスペースをとり、のびのび遊ばせたい子どもたちです。

改善策としては、隣室との境にドアをつけて、食堂として使っていた部屋（病室）に出入りしやすくするというささやかな提案がされました。また、周囲の人たちの「お城」に対する暗いイメージを変えていくことも重要としています。（『島田療育園のあゆみ　４号』）

この「動く重症児」のいる病棟で、異食癖のある男の子が、ひげそり用のカミソリの替え刃を飲みこむという事故がありました。細かに切った包帯をおかゆに入れて食べさせて、レントゲンで追跡するという方法がとられました。やがて、身体のどこも傷つけることなく、ボタンやぬいぐるみの目玉などといっしょに無事に排せつされたのでした。動ける子どもたちの療育には、このように設備だけでは解決できないような突発的な事故があるので、寝たきりの重症児とは違う苦労がありました。

2　愛よりはじめる療育

●愛するということ

重症の自閉症児にたいする園長回診で、小林はつぎのように療育を語りました。

今行なっている散歩は療法として取り上げるべきで、このままただ室内に入れておくだけではよくない。頭の中に本質的に重大な問題があるので非常に進歩させることはできないが、ある程度は我々の取り扱いでのばすことができる。非常に愛情深くもっていくと変わってくる。本児についてもなんらかの期待を持って、治療をすすめたい。誰か母親的になって取り扱ってみてもらいたいが。心の中にいかにくいこむか、それは愛情深くもっていくことだが、その愛情の技術は、スキンシップといって体当たり的に接することである。(『重症心身障害児のケーススタデー』)

小林にとって、療育とは「愛よりはじめる」ことでした。期待を持って、愛情によって接すると、子どもは変わり伸びるというのです。その愛情とは体当り的に接することでありスキンシップであるというのです。障害の種類や程度にかかわらず、勤務者も自然にそれを実践していました。勤務者と子どもとのふれあい、接触と交流が基本でした。目を合わせて、話しかけ、笑いかけながら、さわる、なでる、握手する、抱くなど子どもの肌と勤務者の肌の接触からはじまり、情緒的あるいは言語的なコミュニケーションが大事にされました。当時は小さい子どもが多かったので、よく抱いていました。

脳性まひの子どもは話しかけられると、一瞬、全身が板のように硬くなり、つっぱりますが、抱かれると緊張がとれて、柔らかになります。介助者に安心して身をまかせるのは、信頼感があるからです。「信頼」は療育のキーワードでした。特に病気の時は抱かれることが、情緒の安定をもたらし、緊張を減らして、回復を早めるのでした。病棟会議の時も、カーペットを床に敷いて、子どもたちを抱いたり、遊ばせたりしながらの話し合いでした。

反応がないと思われていた重症の子どもが頬をなでられたときだけ笑顔になるということがありました。マッサージ師によると、はじめてふれた時、全身でビクッと驚きを示した子どもが次のときからはそのような反応はなくなっていたというのです。どのような重症な子でも、こういう情緒的なあるいは人間関係の発達があるのであって、このように極微の発達を感じるとき、勤務者には大きな喜びとなりました。

●愛は育つ

はじめて、障害児に会ったときは、外見から、はたしてこの子をかわいいと思えるようになるのであろうかと戸惑うものです。また、先天異常による、見なれない外見には驚きます。これは、偏見や差別ということではなくて、予想外のことに対する誰にでもある恐れから来るものと思われます。初任者で、病棟のなかを案内していたところ、とつぜん卒倒してしまった人がいました。ところが、仕事として、介助をし、ふれあいを続けるうちに、障害は気にならなくなり、子どもの魅力に取りつかれてしまうようになります。何らかの応答が返ってくる子どもは当然ですが、反応がないように見える子どもでも、介助の手ごたえのようなものが勤務者には感じられるようになります。個人差はありますが、誰でも子どもを愛せるようになっていくようです。また、愛情を示すことを努力しているうちに、子どもをかわいいと思えるようになり、自然な愛情になっていくのです。

あるとき、児童指導員の間で、勤務者の子どもに対する愛情が話題になりました。介護の必要度に応じて、勤務者の手のかけ方が子どもによって違いがあるのは当然です。一方で、必要な日課の区切りに時間のゆとりができたような時に、勤務者はごく自然に、お気に入りの子どもの相手をするようになるのです。人気のある特定の子どもに集中しがちなことについて、このような愛情はペットに対するものと同じではないのかという意見もありました。あきらかに、よく相手されている子どもと、ほとんど注目されない子どもがいるので、客観的な調査をしたいと病棟職員に提案したところ、人気投票は嫌だという反発がきました。観察では、人気のある子どもは、対人反応の良好な子ども、発達レベルが高い子ども、そして年少の子どもでした。誰でも、感じているこの事実を明らかにすることに抵抗があるのでした。研究としては不可能でしたが、どうしたら、どの子も公平に愛せるようになるかを考えるきっかけになりました。児童指導員の問題提起が刺激になって、やがて、病棟職員による「重症児と我々（子どもと勤務者との人間関係についての一考察）」（『島田療育園のあゆみ　4号』）という研究報告に実を結んだのでした。

子ども46名について、子どもに対する関心度をアンケートによって勤務者に質問しています。アンケートAは「出勤して一番はじめに顔を見たい子どもはだれか」など18項目に、該当する子どもの名前をあげるものです。項目には常識的に望ましいものと望ましくないものがあります。アンケートBは自由記述で答えるものでした。

回答結果から、勤務者の関心がたいへん散らばっていることがわかりました。ということは、勤務者の子どもに対する関わりがあまり偏っていないということです。子どもの名前がたくさんあげられた項目はつぎのものです。好きでも嫌いでもない子ども、保育時間に何をしてあげたらよいかわからない子ども、かわいいと思う子ども、なんとなく好きになれない子ども、食事介助をついさけてしまう子どもでした。子どもの名前が少ないものは、グロテスクと思う子ども、部屋でいっしょに過ごしたい子ども、先に入浴させたい子ども、園長回診で発表したい子どもでした。子どもとの関わり合いでは、保育（遊び）と食事介助について、多くの関心が持たれています。

名前があげられた回数の多い子ども4名はつぎのような子どもたちでした。○子さんは主病名奇形の4か月児で、四肢に奇形がありますが、発達に障害はありません。○川さんは4歳（主病名精神発達障害）、発達年齢0歳11か月ですが、社会的発達1歳3か月であり、知的発達にくらべて対人関係良好です。ふきげんになると、床に顔をぶつけたり、自分の顔をたたくような自傷行為があるので、このような問題行動が関心を集め、手を多くかけられることになります。勤務者の肯定的な関心を最も多く集めた○村さんは主病名多発性奇形で3歳、上下肢の指の欠損と開口障害があります。発達年齢1歳7か月、社会的発達は1歳6か月。発語が不可能ですが、勤務者の問いかけはなんでも理解でき、当病棟でもっとも知的に高い子どもです。感情が豊かで、運動障害もなく活発で、対人関係良好です。つまり、一番の人気者です。この子と○子さんは重症児の定義に当てはまらない子どもです。以上の３名は幼少で、勤務者と意志や感情の交流が十分でき、この病棟では、発達が高い子どもたちです。

これら３名は、どの子どももプラス（望ましい）項目とマイナス（望ましくない）項目の関心を集めていますが、他の１名はマイナス項目だけで多くの関心を集めています。○津さん（主病名てんかん）は18歳、精神発達０歳１か月、社会的発達０歳２か月の重い知的障害があります。寝たきりで、目的のない激しい動きがあるために、おむつ交換や食事介助に手数がかかります。精神発達が非常に低いため、勤務者と交流が持てません。唾液が異常に多く、シーツなどをとりかえても、あちこち汚して不潔になりがちです。唾液は床に水たまりをつくるほどでした。

18項目で、まったく選ばれなかった子どもが１人います。○田さん（主病名小頭症）は３歳で、発達年齢０歳１か月、社会的発達０歳２か月で、対人反応が見られません。以上の５名の他の、多くの子どもたちは好きでも嫌いでもないという、印象のうすい存在となっています。重症児の特徴として、対人反応の乏しい子どもたちなので、勤務者側から積極的な愛情を寄せていく必要があるという結論になりました。

○津さんのように、不潔になりがちで、対人反応がない子どもには、清潔に気を配り、似合う服を着せたりして、可愛いという印象を持てる工夫が大切と述べられています。愛される子どもに育てること、勤務者が積極的に愛情を寄せていくことから、人間関係を考えていかなければならないと結ばれています。

倫理上、いささか問題もある研究ですが、勤務者自らが子どもたちへの愛情について考えようとした点で、教えられることの多い報告でした。○津さんは反応が乏しい上に18歳という年長なので、子どもらしいかわいらしさがないのは当然ですが、勤務者からの肯定的な関心がないことが問題とされました。子どもらしさがかわいいという感情をもたらし、勤務者の愛情を寄せやすいというところに、重症児は何歳になっても子どもとみなす傾向があります。発達過程を冷静に見つめて、重症児の発達の特徴を療育との関連で理解していくことと、同時に実年齢にふさわしい処遇を考えるためには、発達の権利という視点も大切ではないかと思われます。当時は子どもたちの平均年齢が10歳前後で年少児が多かったので、18歳にもなると声かけも少なくなり、介護中心になってしまうのでした。相手して、子どもから笑いなどのいい反応が返ってくるのは勤務者に喜びになりますが、なかには怒る子どももいます。小林は「あやして怒る子に接するときには愛情を示すことを努力しなければならない。重症児であっても人格をもった立派な人間であることは忘れないで取り扱ってほしい」と園長回診で、語っています（『重症心身障害児のケーススタデー』）。小林によると、療育の基本は勤務者の愛情ですが、それには努力が必要なこと、そのためには子どもたちを「人格をもった立派な人間」ととらえる尊敬が必要であるということになります。

●勤務者が幸せならば

職員が幸せでなければ、子どもを幸せにできないという考えが毎日の生活に共通の認識としてありました。子どもを抱いての大人同士のおしゃべり、子どもは無関心のテレビ視聴、窓外の景色には無関心の子どもを抱いてのバスドライブなどでは、子どものレベルからみて、直接なにかの能力を育てるものではありませんでした。しかし、勤務者の楽しい気分や感情が子どもたちに良い影響をもたらすであろうと考えられていました。朝のラジオ体操は勤務者だけのものでした。病棟に流されているバックミュージックは大人のためでもありました。喜怒哀楽の乏しい子どもには、勤務者が明るい気持ちで接することが大事でした。こういう目的があいまいな活動は学校教育にはなじまないし、ゆったりと生活する施設だからできたのかもしれません。発達というのはこのように結果が計量的に評価できないような経験を通しても得られるものがあるのではないかと思われます。

3　療育活動

●病棟の組織と療育

私が入職した1965（昭和40年）年は秋田県から15名（2名が看護婦）の集団就職があったことなどで、在園児は96名から134名と増えて、3つめの病棟が開設されました。そのうち、定義通りの重症児の病棟は第一病棟のひとつだけで、ここでは、平均の発達年齢が0歳4か月でした。障害自体は軽くても、乳幼児はこの病棟に入っていました。たとえば、先天的に手足が欠損しているような障害を持つ子どもは知的障害がなければ、重症児とは言えないのですが、ショックを受けてなすすべのない家族を救うため、いわば社会的重症児あるいは幼若障害児として、入園してきたのでした。

他は男児のみの第二病棟と女児のみの第三病棟があり、比較的、健康状態が安定している年長児が入っており、歩ける子や知的に高い子でした。3年後の1968年には第5病棟が開設されて、文字通りの重症児病棟が2つになりました。第四病棟はないので、全部で病棟は４つになり、その翌年には全体で在園児が１８２名となっています。

療育活動は病棟ごとに行われていましたが、第二と第三は合同保育もしていました。子どもたちは障害の状況や発達のレベルによって、グループに分けられていました。一人ひとりの療育記録とグループ日誌が作成され、療育方針は定期的な病棟会議とグループ会議で決められました。これらの会議には病棟担当の医師と児童指導員も参加しました。各病棟で週１回行なわれる園長回診は園長の指導を受けて療育活動を見直す良い機会になりました。これは臨床講義ともいえる高いレベルの内容があり、多職種の勤務者が共有できるという利点がありました。

知的障害の軽い子どもには国語や算数などの学習指導がありました。できうる限り、外遊びがされていました。歩けない子どもたちはストレッチャーで、外に出て、裏山でひなたぼっこをしました。勤務者には体力的にきついものがありましたが、ゆっくりと時間が流れ、快いひとときでした。

●保育

医療や介護のほかに「保育」といわれている療育内容がありました。グループごとの活動が多いのですが、個別の保育内容も決められていました。例として生活年齢４歳、発達

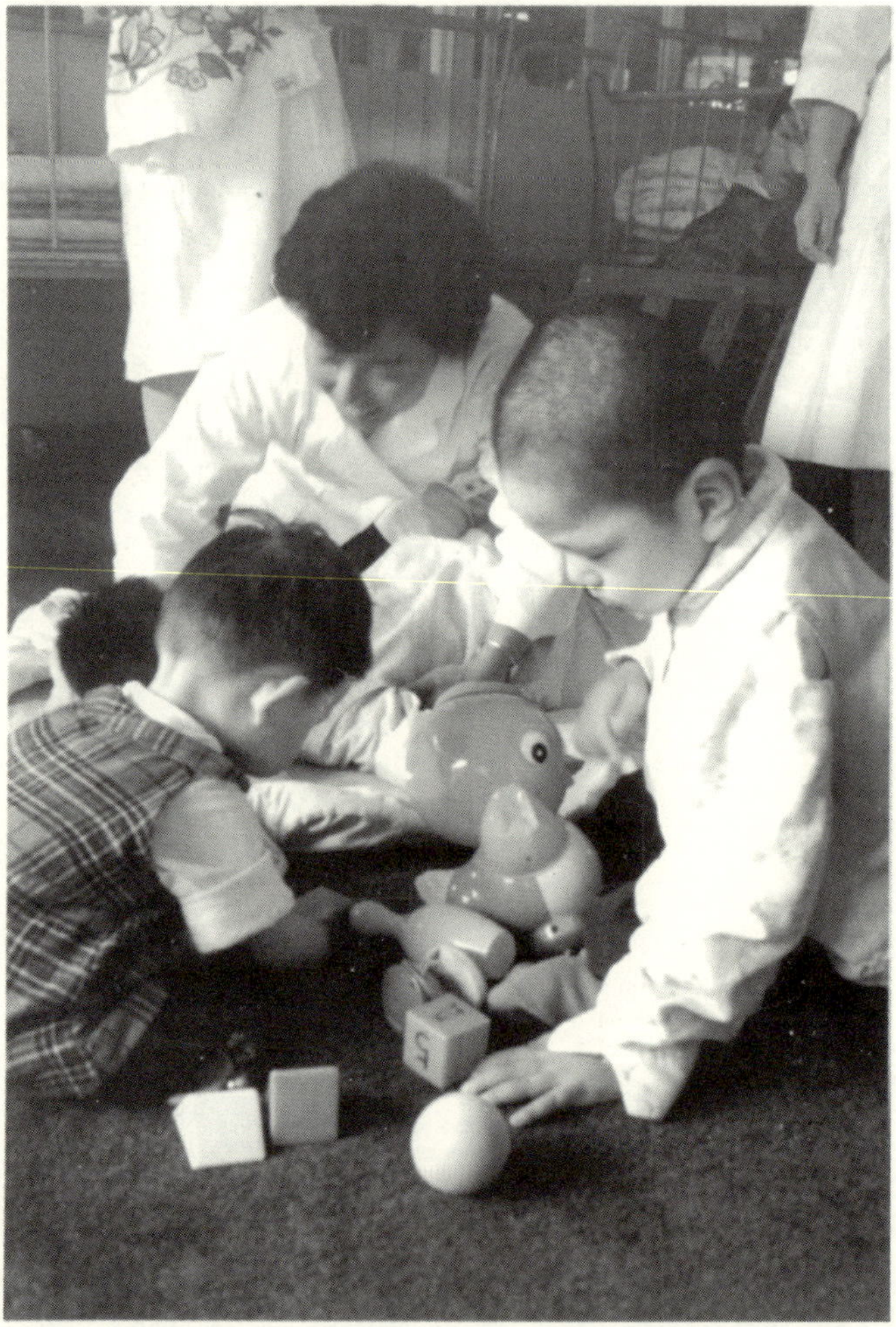

保育（1966年）。

年齢０歳５か月の女の子（主病名結節性硬化症）の保育内容をあげたいと思います。
（１）抱っこやおんぶによる肌と肌との接触
（２）卓上ピアノをたたく
（３）なめても安全なおもちゃを与える
（４）レコードやオルガンによって音楽を聞かせる
（５）天気のよい日は戸外で日光浴等
生活年齢９歳、発達年齢０歳８か月の男の子の遊びの様子がつぎのように伝えられています。積木、紙やぶり、レコード、おもちゃによる自由あそびなどを日課に従って行なっています。集団的な扱いが困難なため、個人的接触による保育が行なわれています。積木やおもちゃなどはポンポン投げて遊びます。紙やぶりはおもしろがって破き散らします。レコードは、聞くよりも手を出していたずらするほうがおもしろいようです。

紙やぶりは感覚運動を働かせるのに最適な遊びで、子どもたちも好んでいました。しかし、外来者には哀れな光景に見えるらしく、ボランティアにいわれて私は考えてしまいました。後に私が考えたことは、見学者がいる保育には多少の演出も必要ということです。破った紙で何かを制作するとか、劇遊びにするとか、古紙でない、きれいな紙を使うとか文化的な内容にする工夫が必要なのだと思います。

このころは、障害児用の教具や教材が市販されていないので、一般のおもちゃを使っていましたが、不都合なことがありました。発達が0歳レベルの10代の子どもに乳児用のおもちゃを与えると、すぐ壊してしまいます。ガラガラはふりまわして、ベッド柵に叩きつけられます。なんでも口に持っていく子どもに、かじって遊ぶのに、イヌ用の骨のおもちゃはじょうぶではないかなど、突飛な提案が出てくる始末です。どんな年齢でも、見た目に違和感がなく、発達に応じて楽しめるおもちゃがほしいと思いました。

●年間行事

職員にも、子どもたちにとっても楽しい行事はお誕生会と遠足でした。入学式も卒業式もない、単調な生活に区切りをつけ、活気をもたらしてくれるのが、保護者やボランティアも参加する行事でした。

（1）お誕生会

月に一回第一土曜日の午後、各病棟でお誕生会があり、その月に誕生日を迎える子どもと勤務者をまとめて、祝うもので、「家族とともに療育を」という方針が生きる、楽しい行事でした。親やきょうだいが来て、病棟はにぎやかで、華やいだ雰囲気になります。お祝いの歌を歌い、園長の話を聞き、記念写真を撮ります。心に沁みとおるような園長の話

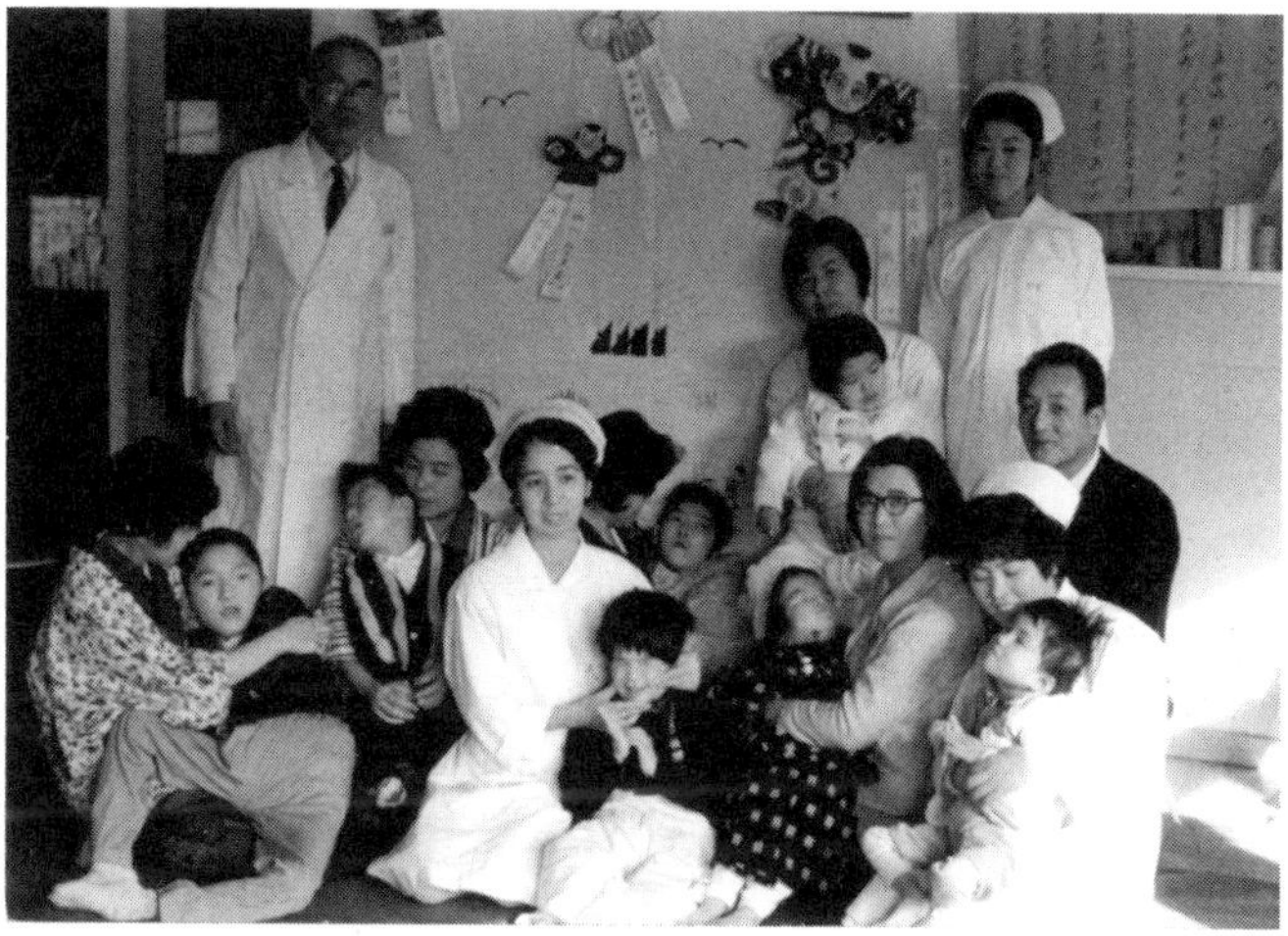

お誕生会（1970年）。

はいつも楽しみでしたが、ときには「この子たちにとって、お誕生日を迎えることが、はたして幸せでしょうか」と話すことがありました。園長はいつも「障害があるのは不運であるが、不幸ではない」といっているので、この問いかけにはすぐ答えが浮かぶのですが、親には、少々残酷な問いかけではないかと思って、私はハラハラしたのでした。園長の話はこのように社会一般の人たちの意識を考えさせようとするものでした。お誕生会は親子の絆を強めるだけでなく、親を指導する機会でもあったのです。

最後に、装飾が施された衝立の前で、誕生日を祝ってもらった子どもと勤務者、家族が園長先生といっしょに写真におさ

遠足（1967年）。

まりますが、マイペースの表情の子どもたちと笑顔の大人たちでした。このお誕生会を見た見学者が、親たちの表情が明るいのに疑問を残して帰るということがありました。

（2）遠足

春と秋に行なわれる遠足は最大の年間行事でした。広々としたゴルフ場で過ごす一日は大人にとってても楽しいものでした。企画する児童指導員、家族やボランティアと連絡を取るケースワーカーや後援会の人たち、大量の食事を作る厨房の職員と、準備に大勢の人たちがとりくみました。

遠足は１９６３年から行なわれていましたが、年々充実していき、大規模になって行きました。ここで、１９６９年の春５

月に行なわれた遠足についてとりあげたいと思います。行先は園の近くの府中ゴルフ場で、往復は多くの子どもはバスで、歩ける子どもは徒歩です。1回目は重症の脳性まひ児を中心にした動きが少ない子ども、2回目は重度知的障害児と動く重症児が対象というように、2日に分けて行なわれました。

1回目では、子ども67名に加えて、家族と職員、ボランティアで合計252名の参加になっています。職員よりもボランティアの数が多いのが目立ちます。

広々としたゴルフ場で、自由遊びや集団遊び（歌、ダンス、ゲーム）と弁当、おやつを楽しみます。ちょっとした運動会でもあります。

ボランティアには学生が多いのですが、後日つぎのような感想が寄せられました。「あんな不自由な人がいるのを知って驚いた。とても勉強になった」「子どもの感情表現が理解できなく、とてもとまどった」「反応を示さない子どものお相手はとても淋しかった」「病棟に入った時はおそろしく思ったが、なれるととても可愛くなった」「はじめ反応がなく苦心したが、歌をうたうと喜んでくれたので、うれしかった。一生懸命うたってあげた」などです。家族がついていると、ボランティアの出番がなかったとか、事前に担当の子どもを理解する研修の場がなかったための戸惑いなどあったようですが、園では遠足をボランティア教育の場とみていました。小林によれば「健康な私たちが楽しく遊べるとい

遠足（1967年）。

うことにも意味がある。子どもに笑顔を見せてあげるだけでもいい」ということでした。

職員は日常とは異なる場面での子どもたちを観察することができました。大人が多いので、たっぷり相手ができるせいか、いわゆる異常行動が少なくなりました。家族は青空の下で、団らんができて良かったと感謝しています。父母からの感想には「職員の成長を感じた」というものがあって、父母が日ごろ、若くて未熟な職員をどのように見ていたかが分かるのでした。

救護担当の医師は「子どもの健康にあまり神経質にならず、枠を拡げて参加させた。早退するなら、はじめから行かない方がよかったというのは疑問である」と言っています。発熱やてんかん発作、時には骨折などもあるのですが、医師たちの理解とサポートがあって、実現できる遠足でした。

同じような遠足が秋にも2回行なわれました。日常生活をほんの目の前にあるゴルフ場へ移動させるだけなのに、実施には約２か月にわたって、会議や交渉などの準備が必要でした。小林は、遠足の取り組みのために日常の療育がおろそかにならないように、また、当日、病棟に残っている子どもたちの世話がおろそかにならないようにと、注意をうながしながらも、この遠足のように地域社会までも抱きこんだ行事はもっとも社会福祉らしい一場面であると評価していました。「遠足は第一に子どものためであるが、父母が大変喜び感謝していて、父母の喜びが子どもに連なるので、父母のための意義がある。また、親代わりの職員にも同じことが言える。ボランティアは体当りで障害児と取り組んだという体験は打ち消すことのできない尊いものを学んだといえよう」と言って、それぞれ参加者にとっての意義を述べています（『島田療育園のあゆみ　４号』）。

4　家族とともに

●小林提樹の「ノート指導」から

島田療育園開園の前から、小林はノート指導によって、障害児の保護者、主に母親に養育のしかたを指導するということをしていました。ここでは、元紹さん（第5章参照）について書かれたノートの一部分を引用して、幅広い診療と相談活動の一端をうかがいたいと思います。文中、★印が小林の助言です。

〈対物関係─発達の方向〉

28日（月）雨

風邪引きのところへ雨なので、マッサージは休むことにする。

あさの肌寒い間ガスストーブをつけようと、ガスのコンセントをいじっていたら、もう元紹が見付け、しばらくしたらガス管をはずしたり、スイッチをいじったりしている。

ストーブを止めてしまった後だったのでよかったけれど、今年の冬はストーブの取扱いをどのようにしようかと、頭痛のタネだ。

靴下をぬぐことを覚え、アッという間にぬいでしまう。

穴明きのプラスチック積み木の穴に、ビニールの紐を通すことに、この間から熱中していたが、今日やっと一人で出来るようになる。

★マッサージの効果については、前に触れたことがありますが、だんだん反省して頂きたいものです。

ストーブの機械類、靴下、それに穴への紐通し、ここには進歩があり、頭の巾広い活動を推定できることで好ましい一日の動きでした。ただ、物を相手にしている世界ということで、元ちゃんらしい特徴を示しています。この動きの中に、人間関係が入りこんでくるようになると、嬉しいことです。

紐通しの時に、お母さんの喜びの感情がどのように元ちゃんに伝わったか、あるいはそれとともに、お母さんとの心の通いがどのように濃くなったか、それは大切なことです。（『元ちゃんとともに』）

外来の診察室では時間をかけられないので、母親の育児記録・日記にコメントを書いて、療育指導を行なうという、独自のノート指導ですが、他にこのような実践をした医師がいたでしょうか。小林の仕事ぶりには、この程度までやったからいいだろうとか、これ以上できないのは仕方がないというような一線を引くことはないようです。ノートは小林と保護者の共著ともいえる記録集になり、療育の参考書として、つぎつぎと発行されました。小林の療育観にもとづく貴重な事例研究でもあります。

ノート指導が果たす役割として、子どもの家庭における行動と母親の対応がわかるので、どのように対処したら良いかを指導できることをあげています。母親による行動観察であり、記録として残され、発達の経過が明確になることで、母親指導を越えて、広く、障害児理解に寄与すると考えられていました。たんに、療育方法だけを指導しているのではなく、母親の不安や悲しみ、自責感などの悩みに真剣にむきあい、ことばを尽くして意見を述べる様子をうかがうと、母親に対するカウンセリング効果も大きかったのではないかと思われます。

一方、医学者としての科学的な観点から書かれているので、親にとっては甘えの許されない厳しさを突きつけられるところもあります。親には自閉症児の物に対するこだわりが、優れた記憶力や学習力に見えるので、それに希望を持つことがあります。しかし、小林は率直にその行動は脳の異常な働きから来るものと説明します。当時の精神医学では、自閉症の原因は親の愛情不足により、愛着が育たなかったためとみなされて、遊戯療法が行なわれていましたが、小林は早くも脳の働きの障害と考えていました。

医学的な助言だけではなく、今なら、ケースワーカー、臨床心理士、保健師、保育者などの多種の専門家によってなされるような指導・助言を一人の医師として、行なってきたのでした。日赤病院や慶応病院の診療、相談の中で、いつも子どもをよく観察する、よく考える、記録するということを心がけてきたということです。戦前戦後、障害児医学や療育の参考書がなかった時代なので、猛勉強しながらつくりあげていった小林式ともいえる総合的な指導なのでした。

島田療育園に子どもが入園した後も、ノートを書き続けた母親たちがいました。面会に行って感じた療育の実際への疑問や手放した我が子への思いが書かれており、『両親の集い』誌に掲載されました。そこには、園長のコメントが付いています。島田療育園の職員はそれを読んで、保護者の気持ちを理解して、療育を見直す機会になりました。

●家族と施設

島田療育園の役割は、社会的養護と専門的な療育にありました。生まれた子どもの障害に驚いた母親が産院から行方不明になる、養育に疲れた母親が寒い部屋に肌着だけの子どもを放置する、映画館に遺棄する、脳障害を起こすほどの暴力を母親が加える、親が刑務所に入っている等々の養育背景から、福祉的対応としての入所になったもので、小林は「社会的重症児」ととらえて、受け入れました。いわゆる奇形のある子どもは病院を退院しても、家庭での養育には大きな抵抗がありました。知的障害がなくても、「社会的重症児」としての入所でした。

専門的な療育を求めた親は、家族の情愛を絶ってまで、子どもの障害の治療や養育を園に託したのでした。また、入院先の病院から退院を迫られて、在宅医療が不可能のために入園を希望するケースも多くありました。母親が病弱とか、自営業であるなどは、地域に子育て支援の制度がなかったため、入所せざるをえませんでした。わが子に良かれと願っての入園でしたが、現実はきびしいものでした。家庭で大切にされていた子どもたちは入所のストレスから命にかかわるような重篤な事態になることが多かったのです。遠方から連れてこられて、一晩で亡くなることもありました。療育の実際も保護者の理想とは遠いものでした。

保護者がもっとも心を痛めるのは、子どもの安全のために行なわれていた抑制（身体拘束）で、ひもで縛られた姿や施錠した部屋に入れられている子どもの姿でした。若い職員が多いことから、介護技術の未熟さを不安に感じる親もいました。入園前には毎日入浴していたのに、島田療育園では週2回であり、家では水や牛乳も好きなだけいつでも飲んでいたのに定時に与えられるだけです。集団生活のために、じゅうぶんな個別対応ができないことなどが、家族を悲しませているのでした。設備や職員体制、療育などの実態をみれば、理想の施設になっていないということを、親も園側も認識せざるをえませんでした。小林は、この問題の解決には社会も政治も責任を持つべきと考えていました。

家庭養育が限界になっての入園なのに、母子密着で養育していた母親の喪失感は大きいものであったのでしょう。入園後まもなく、家族がバラバラになってしまったと言って、退園させた例がありました。この家族にとって、重い障害のある子どもは一家の中心であって、太陽のようであったのでしょう。小林は、子どもを施設に入れたことで、家族が新たに不幸になってはならないということで、母親の生きる姿勢まで考えていました。

当時、入園するということは一生涯を施設で送ることになるのですが、親にも療育の責任をともにはたしてほしいというのが小林の考えでした。人手不足を補う奉仕活動や行事への参加、面会、盆や正月の帰省などがあって、家族が園を訪れる機会は多くありました。親の識別もできないほど、知的に低くて、行動障害のある子どもの帰省は、家族にとっては負担の多いものでした。雨戸をしめ切って過ごした、との声も聞きました。家族とのふれあいが大事という建前とは別に、職員が休みを取れるよう協力していたように思われます。

めったに面会に来ない家族のきょうだいがサリドマイド児を見て「おばけだー」とこわがったことがありました。たびたび、親といっしょに面会にきているきょうだいはどんな障害児を見ても驚くことなく、遊んでくれました。家族が連れてくる健常児には、福祉教育の場になっているのでした。

左右の眉毛がつながっている子どもがいました。勤務者は見慣れてしまうと気にならなくなり、散髪の時もそのまま残されていました。6歳で亡くなったときに、お父さんが両眉のまんなかを剃ってほしいというのです。両親は、この子の障害を際立たせている、つながった眉毛に、心を痛めていたことを、勤務者は知りませんでした。このように、親たちは遠慮して、気がかりなことがあっても口に出すことなく耐えていたのに、職員は気がついていないことがありました。障害児の親の苦しみは外からはかりしれないものでした。

東大に入るよりも、島田に入るのは難しいと言われ、入園できた子どもの親は園に足を向けて寝られないと言われた時代です。親たちが園に苦情を訴えることはなく、親もまた無権利の状態でした。

職員のほとんどが保護者より若いので、小林のように「母の涙をぬぐう」ことはできません。バザーのとりくみや来園の機会に保護者と親しくなって、個人的なつきあいが生まれてきます。保護者は縁談を持ってきたり、自宅に招いてくれたり、相談ごとにつきあってくれたりと、人生経験の乏しい職員を支えて、育ててくれました。重症児を仲立ちにした職員と家族の交流は退職後も長く続いたのでした。ボランティアの人たちもそうでしたが、保護者も職員によい思い出をつくってくれたのでした。

5　児童指導員のあり方

●児童指導員の役割

療育体制としては、福祉・教育より医療体制が強かったことは否めませんでした。医師のオーダーを確実にこなすために、看護婦はチームの一員として働くのに対して、保母は個性的なリーダーシップを発揮して集団を取りまとめていくというような違いがあります。保母は、看護婦や医師との間に、療育方針に関して少なからずギャップを感じていたようです。看護助手と同じく働きながら、カリキュラムを作ったり、病棟会議で保育的な提案をしたりして、専門性を生かす努力をしていました。看護婦の中にも、保母の資格を取る人が出てきたように、保育の必要性が認められていました。児童指導員（以下指導員）の私もおなじことで、医務部所属のために、子どもたちの生活基盤である病棟では存在が希薄になりがちで、自分の役割について、いつも悩んでいました。小林は、理念上は「療育とは医療と教育である」といいながら、重症児施設には保母や指導員の本来の役割を不必要と見なしていました。保母は看護助手と同じように処遇され、指導員は指導よりも記録と研究を期待されていました。医療職と福祉職（保母と指導員）は横につながる必要があるのに、現実は上下の関係になっていたのです。

指導員は4名いました。後に、心理判定員1名が採用されましたが、指導員は全員が心理判定員を兼務していました。1965年入職が私を含めて女性2名、他の男性と女性の2名はその前から勤めている古参でした。各病棟にひとりずつ配置されていましたが、医局で医師や薬剤師、検査技師、マッサージ師とともに机を並べていました。事務上、外部向けの書類に育務科という肩書を使うこともありましたが、明確に独立した地位をあらわすものではありませんでした。

医師は担当の病棟で、回診をし、必要に応じて診療にあたり、病棟会議で助言などをします。指導員も医師と同じように、病棟に対しては助言程度にかかわり、あとは医局でデスクワークをしていました。とうぜん、病棟からは、指導員にもっと療育に入ってほしいという声が聞こえてきます。私は発達が平均０歳４か月程度で、常時、濃厚な医療的管理を要する病棟を担当していたのですが、助言や指導のための力量も不足していたので、どのように連携をするか、どの程度、療育に参加すべきか、いつも悩んでいました。

あるとき、子どもがりんごをのどに詰まらせたのを、病棟で目撃したことがありました。後日、そのことを、私が医局での雑談で口にしたところ、医師に、なぜ言わなかったと叱られてしまいました。看護婦から医師に報告されていなかったのでした。大事に至らなかったので、報告からもれていたのでしょう。互いの専門性を尊重して、余計な口出しはしないのが原則と私は思っていましたが、医師は命にかかわることについては別であると指摘しました。

それぞれの役割分担を堅く守っていると、すきまができてしまいます。とくに重症児療育はそれぞれの専門が重なり合う部分が多いのです。実際には、チームワークというよりは人間関係が優先されて、お互いの人間性によって、折り合いをつけていたのでした。看護職員にたいする統括と指導は病棟主任（看護婦）の責任でした。療育方針をめぐって指導員と病棟主任の考えが対立したときに、勤務者の多くが主任よりも指導員に同調するようになったとしたら、主任は指導員の交代を望むかもしれません。健康で動きの多い子どもたちのいる病棟では、医療よりも生活指導や保育が主になるので、こうなることは十分予想されることでした。おそらくこんなことがあったのではないかと想像できることが起きてしまいました。

●児童指導員の配置をめぐるトラブル

1970年、年が明けて間もなく、とつぜん、指導員全員の病棟配置換えが指示されました。事前の説明もなく、各人の意志を聞かれることもなく出された人事異動命令は納得のいかないものでした。

園長からその理由を聞こうということになり、それまで、現状維持でいくことにしました。やがて、全員が園長室に呼ばれて、「このままでは重大な決意をせざるを得ない」といわれたのです。これは「解雇予告」と理解されたので、愕然としました。

組合は不当配転ととらえましたが、若い執行委員たちには、なすすべがありません。指導員は父母の会で訴えましたが、支持を受けることができませんでした。一部の保護者や医師は同情してくれましたが、和解の仲立ちをしてくれることはありませんでした。

指導員間にも意見の違いがあって、解決の糸口がみえないままに、時間だけが過ぎて行きました。小林は園長回診での報告を禁じました。病棟の人たちは園長の態度におびえてしまい、指導員の立場は理解できるが、園長と対立している様子には耐えられないといいました。私は組合の書記長をしていたので、組合と同僚の板ばさみになっていました。結局、組合執行部が「児童指導員は異動命令に従うこと」という声明を食堂に張り出すという、理不尽なことをして終結させたのでした。しこりを残したまま、指導員たちは指示された病棟に移って、新年度になりました。

私は失意のまま、４月初旬に退職しました。その後まもなく、古参の２名が去り、１人だけが残りました。医師の１人はこれら一連の出来事から、園に対して懐疑的になったようで、指導員に共感を示すかのように、辞職しました。さらに、小林の愛弟子だった医務部長が、持病の悪化によって亡くなってしまいました。私は大学へ、２人の指導員は障害児の福祉施設と相談機関へ、医師は他の重症児施設に転職したのでした。それぞれの人生にとっては、発展の転機になりましたが、島田療育園にとっては不幸な出来事でした。

指導員は、窮地に陥って、自分たちがかくも意思や自主性を無視される無力な存在だと分かってしまいました。療育体制のなかに保育・教育の部分が正しく位置づけられ、指導（育成）部が医務部から確実に独立していれば、こんなひどい事態にならなかったでしょう。指導員全員の異動が必要となったことを関係者が共有して、問題解決の努力をしたら、むしろ療育の向上になるチャンスだったのに、それができなかったことが残念です。その後、１９７０年代に島田療育園におこった労働組合と園当局の対立や療育上のさまざまな混乱は、小林園長時代のここから始まったといえるでしょう。

指導員が心ならずも起こしてしまった、このトラブルの背景には、医学の論理と福祉（教育）の論理の衝突がありました。一般的には、医師のオーダーにたいして、看護婦がその理由を問うことはないでしょう。個人の意思より、指示の確実な実行と上下関係、チームワークが重要な医療職では配置転換の命令もそれほど問題にならないのではないかと思われます。しかし、指導員は受けもちの子どもたちに強い愛着を持って、意欲的に仕事をしていたので、自分たちの意向も尊重してほしいと考えたのです。医療と福祉の専門性が縦割りではなく、横に相互にかかわる療育体制の確立が望まれます。

私は退職して2年後、研究資料の収集のために、島田療育園を訪れました。逃げるように退職したのに、あまりにも、厚かましいことですが、長期入園児の発達をまとめたいという気持ちを抑えることができませんでした。小林は何事もなかったように、あたたかく迎えてくれ、研究の協力をしてくれたのでした。

9 学習と生活の指導

1　知的障害がない重症児

１９６０年代後半、島田療育園には、脳性まひの重い障害を持ちながらも、知的障害がない学齢期の子どもたちが、10名くらい在園していました。当時、この子どもたちは肢体不自由児施設や学校に入ることができず、在宅か重症心身障害児施設しか生活の場がなかったのでした。

小林は生命尊重を第一にしつつも、人間にとって教育はとうぜん必要とも考えていて、決して教育を否定していたのでなく、子どもの発達には大きな関心がありました。私も、子どもの福祉のなかには教育的な営みが含まれていると考えていました。にもかかわらず、職員の構成は看護職が大部分で、保育・教育のための職員が少ないことに疑問がありました。保母も看護職員と同様の勤務体制で夜勤もしていて、専門性を尊重されていたとは思えませんでした。実際には、看護職員も医療的な業務は少なくて、遊びや教育的な活動に参加していました。学校ほどには意図的、組織的ではありませんが、職員やボランティアによって、学

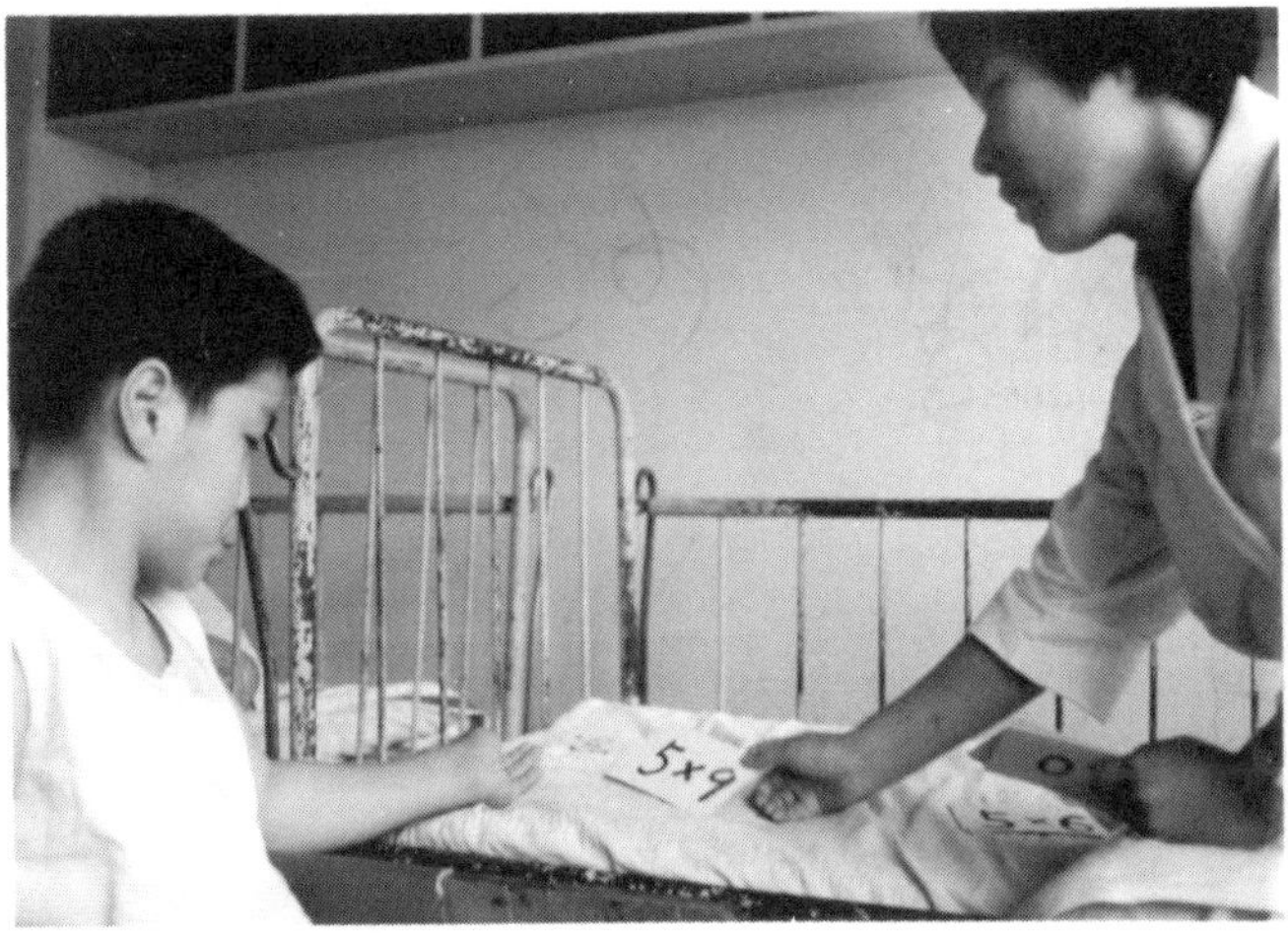

算数の学習（1967年）。

習指導もなされていました。

●Oさん（男、脳性まひ）の青春

私は短期間でしたが、第二病棟のOさんが13歳の頃、担当の児童指導員の好意によって、算数の指導をさせてもらったことがあります。重い脳性まひのため、手が不自由なので、文字は読めても書くことができません。不就学でしたが、知的障害はありません。私は彼のベッドに横座りにこしかけて、椅子に座っているOさんと向き合い、かけざんの問題を書いたカードを示します。彼は「セッ・セッ・センセイッー……」と、全身の力を振り絞るようにして、苦しそうな声で答えるのですが、なれないと聞き取りが困難でした。今なら、もっと教材を工夫して楽しい指導ができたのにと残念な気持ちで思い出されます。
1970年代になり、Oさんは口に細い棒をくわえて、タイプライターを叩くことによって、文字で表現できるようになりました。すでに退職していた私にアルファベット文字を刺繡のクロスステッチのように打って、教会の建物を表現した絵が送られてきたことがありました。彼は通信教育で、意欲的に学んでいました。そのころに彼が作った詩（口述筆記）を紹介します。

人間

俺には青春があるのかないのか／どっちなのだ／いくら手足が曲がっていても／また施設にいて青春が／あるのかないのか／わからない／あるといえばある／ないといえばない／まだ19だ／学校へ行っていれば／大学1年ではないか／それなのに俺は島田にいて／9年間もいるけど／自分の青春があるかどうか／疑問がわいてくる／誰かおしえてくれ／青春が俺にはあるのか／神よ俺におしえてくれ
（詩集『私が生きるように』）

彼には重い障害がありましたが、身体は丈夫で健康でした。重症心身障害児施設が不適当であるという認識は園長以下皆持っていましたが、入れるような入所施設はなく、在宅で受けられる支援は何もありませんでした。また、職員のだれもが院内学級を設けて、知的障害のない子どもに対して、プロの教師による学校教育をすべきであると考えることはありませんでした。青年期になったOさんが読書や学習に集中できる環境ではありませんでした。19歳になった時、自分はほんとうなら大学1年生という自覚を持ち、自分のおかれた状況に疑問を持ちながら、神に問うしかなかったのでした。

私は退職して2年後、１９７２年に島田療育園を訪れ、すっかり大人びた18歳のOさんのもとに行きました。彼は、私をとがめるように、強い調子で「先生は自分がかわいいから辞めたんでしょ」といいました。私はその勢いに押されて、反射的に「私にだって別の生き方があるのよ」と答えてしまいました。「聖書をとってください」といわれて、私は棚から聖書をとって、彼の椅子についているテーブルに置きました。Oさんは舌で聖書をめくりながら、怒りにじっと耐えている様子で、何も言いませんでした。Oさんは親友が亡くなり、慕っていた児童指導員が退職して、辛い状況にありました。私は人生の選択が限られているOさんに申し訳ないことをしたと後悔しました。後に彼は20年以上も過ごした島田療育園を出て、家に戻ったと人づてに聞きました。現在は60歳くらいで、施設で暮らしているということです。

Oさんは学校教育を受けることができなかったのに、聖書を読む学力を獲得していました。「人間」というタイトルの彼の詩が投げかけた「施設にいる自分に青春はあるのか」という問いに、周囲の人たちはどのように答えたのでしょうか。学校にこそ青春があると訴えているように思えます。

●Mさん（男、脳性まひ）の生活

Oさんの親友であるMさんは、秋田県から入園して、1年後に亡くなってしまったTさんを悼んでつぎのような詩を残しています。彼はこのころ17歳で、重い脳性まひのために手が使えないので、口述筆記で勤務者が書きとめたものです。

てっちゃんの死によせて

てっちゃん　どうして死んでしまったの／1年間半　さぞかし苦しかったでしょうね／いろんな病気にかかって／熱が　毎日のように上がってばかりいて／きっとてっち

ゃんを苦しめて殺してしまった／ぼくは　すごく憎たらしい／本当は　てっちゃんが丈夫で第二病棟にいたら／今頃　ぼくたちと一緒に遊んだり／テレビを見たりできたのに／てっちゃんと一緒にここへ来た／秋田県のお姉さんたちが可哀相　しかし／きっと　てっちゃんは神様に可愛がっていただいて／天国で仕合せに暮らして下さい／てっちゃんのかわりに／ぼくたちが長生きさせていただきます（『あおいそら』）

この詩のなかに書かれたてっちゃんについて、補足したいと思います。１９６５年のこと、重い脳性まひのあるＴさんは秋田県の在宅障害児でしたが、世話をしていたお母さんが亡くなって、お父さんは途方にくれてしまいました。地元の児童相談所は島田療育園に入るのがふさわしいと判断したのですが、島田療育園は職員不足で新病棟を開設できないでいました。園長は「ひとりの職員が来てくれるなら、その県から子どもひとりを受け入れる」と公言していました。それを地元紙が大きく報じ、有資格者を含めて15人もの若い女性が就職してくれたので、入園できたのでした。

年齢相応の理解力のあるＴさんはお母さんが亡くなり、遠くの施設に入れられたことをどのように受けとめたのでしょうか。たいへんなストレスだったと思います。新しい環境になれることができずに体調を崩し、必死の医療と看護のかいなく、１年余りで亡くなってしまいました。当時、秋田から上京するには夜行列車を使うほど遠距離で、上野まで12時間もかかりました。重症児を社会に広く知ってもらう機会になったこのエピソードですが、2年後には、秋田県の国立療養所に重症児病棟が設置されたのですから、この子は重症児対策の犠牲者ではなかったかと思われてなりません。

Mさんは、9歳で島田に入園、1970年に20歳で亡くなりました。睡眠中に呼吸困難になることもあり、日常的に医療的な管理が必要でした。身体が弱く、いつも、身体のつっぱりの痛みに悩まされていました。職員不足に心を痛め、退職する職員には「ぼくたちのことを忘れないで」と手紙を書きました。重い言語障害がありましたが、ボランティアや職員の手による口述筆記で、多くの詩や作文、手紙を残しました。おなじような理解力のある脳性まひの子どもたちとの交流や職員による学習指導によって、年齢相応の知性が育っていました。

16歳ときの一週間の生活はつぎのようです。月曜日は午前に歌の練習、午後は学習で、学習は国語的なもの、算数的なもの、理科的なもの、社会的なものに分けて行なっています。火曜日は午前に合同保育、午後は機能訓練とマッサージです。合同保育は女子病棟の子どもたちとの交流が目的です。機能訓練は他動による伸展や屈曲練習をしています。水曜日の午前は個別指導、午後は学習です。個別指導は発声練習を目的に、本読みの復唱、文章作成などです。木曜日の午前は病棟の全勤務者が参加する園長回診があるため、テレビ観賞となっています。午後は機能訓練とマッサージです。金曜日は個別指導と学習、土曜日は学習に機能訓練、日曜日は自由時間で、おもに戸外遊びです。

そのほか、夜間は7時までテレビ視聴、週1回、正規の指導時間外にボランティアにより詩の作成をしています。月に1回ぐらい、他児とともにドライブを楽しみます。好きなことは、詩の作成、マンガや童話の本を読んでもらうこと、ドライブなどです。

この子について小林はつぎのように述べています。


このような知的に高い子は、将来、重度肢体不自由児施設ができたときにはそちらに移るべきものであろう。この子の一生を通じて考える時、教育により、なまじの知識を得たために人生の悩みを大きくすることもありうる。一生他人の力をかりて生活しなければならないのであるから、本人が甘やかされずに、ある程度自己克服できるように教育することも必要であり、そこには宗教も必要かもしれない。(『重症心身障害児のケーススタデー』)

つまり小林は、クリスチャンである自身の体験から知的教育ではなく情操教育に力を入れた方がいいと考えていたのでした。私は学ぶことによって知識が増えると、悩みも大きくなるであろうが、それを知らない方がもっと不幸ではないかと思いました。小林は「部分的な能力を育てるのではなく、人格形成が大事なのであって、子どもの全体を見なければならない」ということを強調したかったとしたなら、知性抜きの情操教育を理想とするのは矛盾していると思われました。「そこまでしなくても良い」といわれても、実際には指導員が学習指導をしていたので、口述筆記によって、自己表現することや判断力や思考力が育っていたのでした。1962年12歳のとき、まひのために座位では視線が合わず、ひとりで目前の絵本の文字を読むことはできませんでした。視線が合うように、大きい文字を書いた紙を天井に貼って、指導して、五十音字が読めるようになったのでした。本の読み聞かせや、九九の指導も行ないました。

内向的なMさんは、悩みを抱えていました。あたたかな家族と過ごす帰省から、園に戻るときは、不安定になりました。1963年、正月、帰省から戻ったあと、「死にたい」といって周囲の者を惑わしています。13歳でした。その後も、休みに帰宅した後に、「退園したい」「他の施設へ行きたい」「私室につれていってくれ」などいい、将来のこと、病気のこと、ふだん表現できない、受け入れられないことが爆発して、ノイローゼの状態になることがありました。

手指は動かせず、重い言語障害のために、よほど親密な人でなければ、正確に聞きとることはできないほどだったので、内面を表現できないことは大きい苦しみだったことでしょう。個別指導やその他の時間に作る詩の中で、自分の悩み、要求を間接的にぶつけています。指導員はMさんのように、知的に高く、要求が強いが、自分では何も充たせない者の生活の場、療育の場を作って行くことが必要と考えていました（『島田療育園のケーススタデー』）。

●Mさんが見た島田療育園の四季

１９６６年、15歳のMさんの楽しみは、口述筆記によって、詩や作文を作ることでした。職員や子どもたちに心を寄せ、自分の性格を分析しては短所を克服しようとしていました。ここに、療育園をどのように見ていたかがうかがわれる数編の詩を引用したいと思います。

看護婦さん（5月）

看護婦さんは／僕達のお姉さんやお母さんのかわりになり／僕達の世話をしてくれる／看護婦さんの手は／僕達の手になり足になってかわりに動いてくれる／だけど／

時々僕達のやりたいことをわかんない時がある／そんな時はくやしくなってくる／からだが自分の思うように動いてくれないから／だけど／僕たちはそんなくらいで負けない／口があるから／しかし／言葉が思うように言えない子供もいる／看護婦さんもできるだけ僕達の言葉を聞いて／そして／僕達もできるだけ言葉をはっきり言うようにするから／お互いに努力しあって／徐々にみんながしあわせになるようにしよう

Nさんへ（6月）

Nさんありがとう。1年間半働いてくれて。その間にいろんな事があったでしょう。楽しい事、くやしい事、悲しい事、それからその他にいろんな事があったでしょう。だけどよく、がまんしてくれました。ありがとう。

Nさんお願い、いつまでもここの子供たちを忘れないでください。絶対に忘れないでください。僕も、いつまでも絶対にNさんのことは忘れません。

これからも、しっかり頑張って働いてください。身体が一番大切だから。僕も一生懸命勉強して、機能訓練して頑張ります。

最後に、ありがとう。ごくろうさん。

夏（7月）

夏はどうしてこんなに暑いんだろう／あんまり暑いと嫌になってくる／特に働いている人達は気のどくだ／それから／何もわからない子供たちもかわいそうだ／僕達はちょっといい方だ／寝ていてテレビ見て扇風機にあたっていれるから／しかし／僕達もつらい／どうしてかっていうと／僕達の病気の特徴は／すぐ緊張して力をいれてしまい／そうするとすごく暑くなって汗をかいてしまう／だけど／僕達はしかたがないからがまんする

療育園の現実（8月）

ここの病院は今、僕たちの世話をしてくれる看護婦さんが少なくなっている。だからみんな困っている。どうしたらいいだろう。いなくなる原因は、ひとつは山奥にあるから、出かけるのにたいてい1時間くらいかかる。それにここの近くにはお店屋さんがないから、つい遠くへ行って買ってきたりする。

それからもうひとつは、大きい子供をかかえるとつい腰が痛くなって、だんだん痛みがひどくなって、そして最後に倒れて他の病院に入院してしまう。

だからみんな困っている。一体どうしたらいいんだろう。

僕の考えは、ここに看護人を置けば少しはこの病気もなくなるんじゃないかと思う。

Fさんのこと（9月）

Fさんの顔はメガネかけて、鼻が低くて／口がガマ口で／頭の毛は少ししらががはえていて／それで耳がでっかくて顔がでっかい／いつもにやけてばかりいて／怒った顔はあんまり見たことがない／ちょっとめんどうくさがりやで／それで時々ゆかいなことを言う／いつもいつも同じ洋服をきている／そして洋服の下には黄色いシャツと青いシャツをかわりばんこにきている／毎日第2病棟のおそうじをしてくれる／火曜日の夕方にはO君の詩を書いてあげている／木曜日には僕の詩を書いてくれます／それでFさんにお願いがあります／できるだけここでみんなのために働いてください

今年をふりかえって（12月）

今年はいろんなことがあった／山崩れがおきて第一病棟は大変だった／だけどみんなが協力してくれたから大事にはならなかった／それから停電が二日続いておまけに水道はでなかった／職員がさぞかし大変だったと思う／それから子供たちはテレビが見られなくて退屈した／風呂にはいれなかった／4月2回目の秋田県から9人の看護婦さんたちが／働きにきました

Mさんは保母から、日本点字図書館が寄付によって運営されているという話を聞きました。「僕ができることはないか」と考えて、お母さんから寄付金を毎月送ってもらうようにして、それは、亡くなるまで続いたそうです。施設で暮らしていても、社会の一員として生きたのでした。

2 生活指導

●基本的生活習慣の「しつけ」

島田療育園には濃厚な医療管理を必要とする重症児が大勢いましたが、年齢が長じるにつれて、健康状態が安定する子どももやめったに風邪もひかないような丈夫な子どももいました。重篤な病気の子どもがいなくて病棟が落ち着いている時のほうが多いので看護職員の仕事の大部分は介助によって、遊びや学習などの生活を支えることでした。保育士（当時は保母）や指導員といっしょに、食事や排せつなど基本的生活習慣の指導をすることが、療育の重要な内容でした。そのようなとりくみを「しつけ」といっていましたが、現在では、特別支援学校（養護学校）の重度・重複障害児に対して、行なわれている教育活動に匹敵するものでした。

私は37名の施設入園後の行動発達について、療育記録と発達検査の成績によって、追跡したことがあります（「重症心身障害児の施設入園後の追跡」）。入園時の年齢が6歳以上、精神発達が２歳以下で歩行不能で、１９７２年１月現在、在園５年以上の子どもたちをとりあげました。調査時年齢は平均18歳６月、入園時年齢平均10歳５か月、在園期間は平均８年０か月です。行動発達でもっとも顕著に向上がみられたのは食事に関するものでした。食事の自立訓練の結果、自立できた子ども９名について見たところ、完成時の生活年齢は８歳から19歳と広範囲であり、平均13歳です。また、完成時の発達年齢は０歳４か月から１歳６か月で、平均０歳９か月となっています。このような年齢と発達年齢で、食事のしつけが完成しているということは、重症児の発達には、健常児の基準だけでは説明できない面があることが示されます。

食事の自立完成者に共通していることは、食欲旺盛で食物に対する興味が特別に強いということであり、異食や何でも口に入れるということがあること、さらに、興味の対象が食べることに集中しており、おもちゃなどの他の物にはほとんど無関心であること、ある程度、指導者と対人的交流ができるということがわかりました。

スプーンを握って、ひとりで食事をするということを一定時間持続するには、動作の複雑な組合せが必要ですが、摂食行動を習得した子どもたちの探索・操作面での行動はいぜんとして変わらず、おもちゃで遊ぶこともなく、ただなめるだけなのです。このように、一度習得された能力は一定のパターンの中でしか生かされず、他の場面へ応用されることがないという特徴があります。

一方、食事の自立完成者9名に対して、排せつの自立者は1名が14歳時に完成しているだけで、ほとんどの子どもが困難であるということが示されました。

9歳から14歳の4名の子どもがスプーンを持って、一人で食べられるようになるまでの3~4か月間のとりくみを指導員がまとめました。この報告に対して、小林はつぎのようなコメントをよせています。


しつけは、この子どもたちの生活の一部分であり、さらに食事のしつけはその中の一部に過ぎない。部分を捕らえて、全体を忘れるという懼れのないように、これがまず第一に私の念頭に浮かぶことである。

衆知を集めた手段方法、涙の出るような長期間の苦闘の努力、そうした結果から生まれたしつけの成果は、たしかに嬉しい限りではあるが、その成果だけを目標にしたしつけであってよいかどうか。教育は可能性を伸ばすことにあるといわれ、児童福祉法は社会復帰がねらいである。可能性も復帰も望めない重症児の場合においては、何を目標にして進めるべきであろうか。「勤務者は子どもを抱いて涙を流して喜びます。」という後記からも、その喜びが大きいだけに、シワよせの何かがなければよいがという思いも浮かぶ。ここに部分と全体との両方を共存させて行かなければならないことを感じる。

このしつけの成果に目をうばわれるのでなく、あるいはその努力に感心するばかりでなく、その根底にある意義についての認識に立ってなら、このようなしつけもやってみてほしい。ただ徒らに、研究的な試みであるこれだけをまねるのには危険があることを、つけ加えておきたい。

ここに報告されたしつけは、その実際をそのまま綴ったわけであるが、この子どもたちも社会の中の一員であり、その中でのしつけであるので、あくまでも社会規正の中の存在であり、実施というものである。その点も忘れてはならない他の面である。（『島田療育園のあゆみ　４号』）

小林のコメントには、ときに分かりにくいことがあるのですが、これに「しつけと人間性」というタイトルを付けているのはなぜなのか気になります。教育の可能性のない子どもたちにしつけをするには根底にある意義を認識しなければならず、しつけは社会の一員としてふさわしいものであるべきで、研究のための試みであってはならならないというのです。指導技術に偏らないように、指導者の人間性に発するしつけをしたいということでしょう。人間性という用語は「介護と人間性」「医療と人間性」というように使われていて、小林の療育観をおおうキーワードでした。しつけを否定してはいないのですが、職員不足のなかで、無理をして、そんなにしてまでやることはないというようにも読みとれるのです。重症児は大変な努力をもって、ある能力を習得できても、ある時点から退行してしまうということがあるので、職員の過度の努力をけん制しようという意図がありそうです。医療については、科学的で論理的な小林ですが、しつけや指導については指導者の人間性や愛情に行きついてしまうのでした。

おなじく、指導員たちが「しつけの問題点」という報告をしています（「重症心身障害児におけるしつけの問題点」）。重症心身障害児に生活習慣のしつけをすることは、療育に当たる者に、「異常さを増長させるのではないか」「無駄な労ではないか」という疑問と同時に「何も理解できない子どもになぜこのような習慣を強いるのか」などの疑問をなげかけます。摂食状況調査資料を参考に、重症児にとって生活習慣がもつ意味と役割について、議論され、考察されています。結論を大まかにいえば、しつけは必要ということですが、特につぎのような考察が注目されます。「重症児の場合の、自立の見通しもなく、変化もあまりみられなくても続けられるしつけは、生活習慣を素材に、子供と療育者の共通な場を展開してくれるのである。そして、この場は、教育の場として、あるいは治療の場として利用されうるのである」。

　これに対して、小林はつぎのようなコメントを寄せています。

〈しつけの基本点〉

　重症心身障害児にしつけを実施するという基本的な立場は、どこにあるのか。まず、この根本問題から出発しないとならない。昔私が島田療育園を始めた時にも、いろいろな人から「あなたのすることは自己満足に過ぎないのではないか」と問われたと同じように、ここでもまっさきに問われることだろう。

　私が問われた質問の問題に少しく触れさせて頂こう。真実のところ、私には首肯させ得るほどのよい返答はできなかった。憲法論を持ち出せば、「それは国がやるべきことで、君がやることではない」、道徳論をもって納得させようとすれば、「そんな突拍子もないこと、寝ている子を起こすようなことをなぜするのか」、さらに「金もないのに大それたことを、だから私たちは金をせびられることになるよ」と寄附募金先の偉い先生のお小言、そして最後には「自己満足以外の何ものでもない」という結論で推《ママ》し切られてしまうのであった。

　しつけのことも、このように問われた時に、理論的にも自信をもって充分に説明できるかどうか。社会の各面においてその原点に立ち帰って反省が問われているように、私たちも、もう一度その機会を持つことは、対象が重症児という人間の極限の次元にあるだけに、極めて大切なことと思うのである。

この発表には、しつけの技術点のこと、それに対する努力の数々、そしてそれに伴う喜びなどが伺われるが、これをそのまま模倣してよいかどうか、その前に自己満足のためのものではないという本質的な立脚点を明確に持ってから始めて頂くべきものであろうと思うのである。（『島田療育園のあゆみ　4号』）

この意見は職員の側からみると、的はずれに見える内容ですが、報告者に対する助言指導よりは、掲載誌を通して自分の思いを社会に発信するという姿勢がうかがわれます。身内の研究報告を謙遜しながら、自分の意見を付記することによって、社会にむかって療育の問題や困難を訴えているのです。世間の人々の無理解に対する心情があらわに書かれています。小林が島田療育園を設立したことへの、医師仲間の率直な意見がここに記されており、こうした無理解を受けて、重症児の医療の意義を考え続けていたのでしょう。おなじように、教育的な働きかけに対して、その意義を問いかけているのです。

私は現在では、重症児の「しつけの意義」あるいは「しつけの本質的な立脚点」とは小林のように「人道主義」にもとめるのではなくて、子どもの発達の権利を保障することに求めるべきと考えています。この発達は直線的に上昇するようなイメージではなく、退行や停滞なども含めた広い意味でとらえています。そのためには教育の権利が保障されるべきなのです。操作主義や技術主義に陥らないためには、とうぜん、愛や人間性が土台にならなければなりません。

医師も指導員も看護職員も懸命に働きましたが、その努力が共通認識として社会の人々に認められることは期待できないのが実情でした。園と社会の重症児理解のギャップが小林の「自己満足ではないか」という問いかけになってくるのです。能力主義と経済至上主義の社会からは、重症児に「それほどのことをして、なんの意味があるのか」という声が聞こえてきます。寄付を頼みに廻った会社などでは「英才を教育する為なら金も出すが、そんな役にも立たない子どものためなど、ドブに金を捨てるようなものだ」という所もあったと伝えられています。

園で実施されている療育理念や勤務者の子どもたちに対する愛の看とりが、社会へと広がり、社会が変わっていくということを願って、そのような努力を小林は「戦い」と言っていました。新年の集いで、「真の敵をみきわめたい」と話されたこともあります。園長は未熟な20代の私にとって、仰ぎ見る偉大な師であったので、発言に疑問を持って、質問するなどは思いもよらないことでした。それ以来、「真の敵」とは何だったのか、考え続けてきました。当時の福祉の仕事にとっての敵は何だったのでしょうか。

3　重症児の教育とは

小林は重症児にとっての教育の意義をつぎのように主張しています。

重障児（者）においては生きるだけで本人の役目は全うされます。そして、それを助けるのが健常者の役目なのです。教育・訓練は重障児（者）にとっては、人生の目的ではなくていわば末梢のことです。生きるだけ生きてもらうように、健常者が働きかけることが最も大事な点です。国は滅びても致し方ないが、社会福祉を滅ぼしてはならないと、私は強く主張したいのです。（『大人になった障害児』）

発達保障の視点に立つ学校は、子どもに合わせる教育なので、どんなに障害が重くても受け入れることができます。学校に子どもを合わせるという既存の学校教育を不変であると考える限り、このような否定的な考えになってきます。私は発達保障の考えに出あって、学ぶうちに、しだいに、島田療育園の療育から気持ちが離れていくのを感じていました。

小林はＮＨＫ放送「人生読本」（１９７１年２月）において、つぎのように語っています。

　ごく最近、去年の12月25日のクリスマスの日、私のこの子供たちのなかから二人の子供が、キリスト教の洗礼を受けました。これは大変な喜びであると同時に、私の大きな驚きでした。なぜかと申しますと、私は宗教またどんな思想も、これは個人の自由だということで、社会福祉とは別個の、次元の違うものだという考え方で、すべての人を受け入れてきたつもりです。ですからここでは、宗教色も政治思想ももちません。したがってそういうやり方をしておらないのに、いつの間にやらキリスト教の勉強したものがでてきたのです。（『福祉の心』）

ここで話題になっている子どもの一人が上述したOさんで、16歳で洗礼を受けたのでした。園の療育方針としては、洗礼に直結するような指導はしていないのに、子どもが宗教的なものを求めたということは、クリスチャンである小林にとって大きな喜びであったのでしょう。実際には、当時、クリスチャンの職員有志が、比較的知的に高い子どもたちを対象にして、土曜学校という歌やお話の会を自主的にしていたのでした。

糸賀一雄は発達保障の思想をとなえていましたが、島田療育園の療育理念はそこまで到達していませんでした。発達を促す療育活動をして、成果が上がっていても、小林は悲観的な方向に考えてしまうのでした。濃厚な医療管理のもとにある重症児のベッドのそばで、無理に発達させようとすることに疑問を述べることがありました。たとえば、この子に文字を教えるのか、そんなことできないだろうというふうに考えているように私には思われたのですが、教育というのは教師が教え込むものという強制的なイメージがあるようでした。

私は糸賀のように、発達を権利の視点でとらえることに、魅力がありましたが、日々、生命維持が優先される重篤な子どもを目にしていると、そのような思想に具体的なイメージを持つことができませんでした。ただ、このような発達保障の考えは療育の仕事に希望と励ましを与えてくれるだろうとは感じていました。まだ、知らない療育方法がもっとあるに違いないし、それは無限と考えられるので、発達もまた無限と言えるのではないかと自己流で考えていました。発達にはタテの発達だけでなく、ヨコの発達もあるという考えは、経験から十分納得できるものでした。発達は心理学の概念ですが、保障は社会的な責任ととらえられるので、理念とか哲学のようにとらえました。

10

重症児の医療・福祉から教育へ

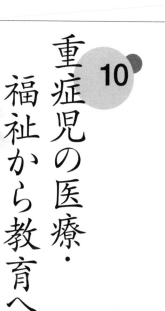

1　黎明期における3施設の挑戦

わが国の重症心身障害児施設の草分けになった3施設は互いに交流し、刺激しあって発展しましたが、それぞれの療育観や運営体制には創立者の専門分野や個性を反映して、独自なものがありました。ここでは、その違いと共通点に注目したいと思います。

●秋津療育園

東京都東村山市にある秋津療育園は1964年開園となっていますが、これは厚生省（当時）が法的に重症児施設として認めた時点ということです。実際には、6年前の1958年に草野熊吉（理事長）が医療法による病院として、定員21名で重複障害児のための施設を開設したことに始まります。草野はクリスチャンとして伝道活動をし、家裁の調停委員をするなかで、障害児をかかえる家族の苦悩に遭遇、救済するために施設を作ったのでした。草野夫人も療育に当たっており、家族ぐるみの社会事業でした。1965年7

月に、4月の島田療育園と同じように、秋田県から「おばこ天使」として9人が就職しました。その一人である藤原陽子の著書によって、秋津療育園の様子を知ることができます(『おばこ天使』)。島田療育園では無資格者を全員看護助手として採用しましたが、秋津療育園は保育助手として採用しています。看護婦の所属する看護課とは別に、指導課があり、保育助手は指導課に所属していました。秋津療育園は病院的な運営にならないように、保育を重視した療育体制をとっていたのでした。藤原は秋津療育園の療育について、草野理事長の話を紹介しています。

> この子どもたちは抵抗力も弱い。たぶん、秋津を出ていく時は死ぬことを意味しよう。だからこそ、その短い生命の間に、人間としての生活を送らせてやりたい。どんな子どもでも、少しずつだが成長しているのだし、またそれを伸ばす目的がなければ、施設など必要はない。時時《ママ》刻々と育っている子どものことを考えると、むだな時間などというものはない。

食事の前にお祈りをするなどキリスト教にもとづいた療育方針でした。「おばこ」同士の会話ですが、島田療育園の職員がここの子どもたちを見て、「生き生きしている」といい、秋津療育園の職員は島田療育園の子どもたちを「病人のよう」と感じたと述べています。島田療育園は子どもたちを医療中心で扱い、秋津療育園は保育中心であり、その違いが子どもの表情に現れるのではないかというのです（『おばこ天使』）。

外部から専門家を呼んで、職員の研修を行なったり、芸能人など著名人の来園、社会からの寄付やボランティア、父母たちの後援など、島田療育園と同じような光景がありました。

秋津療育園の先見性は早くから18歳以上の成人問題にとりくみ、１９６８（昭和43）年には成人病棟をつくったことにあります。しかし、人手不足のためにこの病棟を開設できないことが新聞で報道されて大きな反響をよんでいます。１９６０年代は地方から中卒生が集団就職で上京するような時代で、どこの職場も、どんな職種も人手不足でした。秋津療育園は島田療育園のような、はでなマスメディア利用をしていないので目立ちませんが、子どもたちに寄り添い、保育を中心にした療育はもっと注目されるべきでしょう。

●島田療育園

島田療育園はわが国初の重症児施設といわれていますが、その歴史は、日赤産院の小児科部長だった小林提樹が１９４８年に、日赤産院の乳児院や特別病棟で重症児を受け入れたことからはじまります。障害を治すということは不可能なので、親を支えることが医師の役割であると小林は考えました。診察に十分に時間が取れないので、親指導のために「日赤両親の集い」という月例の相談会を行ないました。この会は1964年には「全国重症心身障害児（者）を守る会」となって、親たちを結び、わが国の重症児の療育や福祉についての啓発や施設増設、制度の確立のために大きな役割を果たすことになります。機関誌『両親の集い』は、親や施設の関係者の教科書のようなものでした。小林は複数のペンネームで、ほとんどの記事を執筆していました。

1961年、日本心身障害児協会島田療育園が開園し、小林提樹が初代園長になりました。療育は肢体不自由児施設からうまれた治療と教育を意味する用語ですが、公的に認められない重症児施設をつくるにあたって、当時唯一の医療体制を有する肢体不自由児施設にならって、療育園としたと思われます。

たびたび引用される小林の座右の銘はつぎのことばです。「この子は私である。あの子も私である。どんなに障害が重くともみんなその福祉を守ってあげなければと深く心に誓う」。「この子は私である」ということばの根っこにキリスト教の世界があります。敬虔なクリスチャンでしたが、宗教は自由であるという考えのもとに、島田療育園には宗教的な方針はありませんでした。小林は島田療育園の子どもたちだけを守って、ひっそりと生きていくというようなことではありませんでした。自分の施設だけを考えた福祉は「自己福祉」であり、社会福祉ではないという考えのもとに、常に社会全体の障害児に目を向けていました。

1968年に東京都立府中療育センターという重症児施設が設立されたときに、多額の予算を使って立派な施設が建てられたのを、「自己福祉」といって批判しました。それは、社会福祉全体を考えたのではなく、自己の福祉だけを考えた自己中心的なものというのでした。島田療育園は後に続く施設の模範になるようにすべてオープンにして努力して来たのですが、都立の施設は、労働条件や待遇が良いので職員が集まるだろうし、島田療育園はいっそう人手不足になるのではないかという懸念もあったのでした。施設長としての複雑な心境がうかがわれます。

外に対しては、著作、学会、大学の講義、講演、巡回相談その他の啓発活動に取り組みました。寄付を集めるための財政活動や国の制度を変える働きかけなど、超人的な活動に没頭していました。学究の人であり、研究会を立ち上げて、障害児の医学研究を進めました。

小林がいつも強調していたのは「愛」でした。「愛からはじめよう」「愛はすべてをおおう」などと書いています。どんな子どもも愛するには努力が必要で、そのためには「重症児であっても人格をもった立派な人間であることは忘れないで取り扱ってほしい」と勤務者に語るのでした。障害児に対する愛や慈悲の心を社会一般の人々にも期待したのですが、理想のようにはいきませんでした。日本人の精神性、国民性に問題があると考え、点数主義で、福祉教育をしない学校教育にも原因があるとしていました。社会福祉の基本はボランティアすなわち奉仕の心であり、社会全体にその心がなければ、すべての障害児が救われることはないと考えたのでした。

海外から、日本は「エコノミックアニマル」といわれるような、経済優先主義の社会状況の中で、社会福祉は一部の弱者を対象とするものではなく、すべての人々を幸福にするものでなければならないという小林の理想は実現困難なものでした。

いつも、財政難に苦しんでいたのに、東京都が多額の助成金をきめたことさえ、肯定できずに「心がない冷たい行政」といって、不信感を持つような屈折した態度が示されたのでした。まちづくり計画のなかで作られる公立施設を「自己福祉」と批判するのは私には納得できませんでした。職員の給料の遅配がないように、自宅を手放すことさえ覚悟して、園の運営に苦労してきた小林にとっては、政治や行政にも金銭だけではない「心」を求めていたので、抵抗があったのでしょう。

当時の東京都は福祉に力を入れる革新自治体でした。美濃部都知事は秋津療育園と島田療育園を訪問していました。民間施設が先導して、公立施設の建設を促したと言えるでしょう。立派な公立施設はその後、モデルとなって最低基準を示すことになるので、福祉全体のレベルを上げることにつながると私は考えていました。同業者が増えることはうれしいことであり、さっそく、職員同士の交流が始まりました。寄付を必要としないで運営される福祉施設が新鮮に思えました。

福祉施設は民間の社会事業家によって作られ運営されることが多いのですが、福祉の世界に、もともと医師の小林にはなじめないものがあって、福祉人となりきれないという違和感を持ち続けていたようです。辞職する時も、島田療育園の実態だけではなく、わが国の社会福祉の在り方全体に絶望したのでした。療育園創立のころは子ども4人に職員がひとりの体制で、看護職員が洗濯もするという、きびしい条件のなか、愛と奉仕の療育からはじまったということですが、時をへて、内外の人々の意識も変わります。にもかかわらず小林は一生をボランティアの心で、障害児とその家族の幸福のために尽くして、わが国の障害児の福祉と医療の進歩にささげたのでした。

小林は当時の重症児の実態から、重症児は短命であるととらえていたのですが、これは喜ぶべき誤算でした。現在、日本の障害児医療のレベルは世界に誇れるものといわれています。小林が基礎を築いた障害児医療の進歩が重症児施設に入所した子どもたちの生命を長らえ、半世紀を経て平均年齢40歳を超えるようになりました。施設では利用者の還暦祝いをしています。

1960年代の子どもたちは1970年代には青年期になります。生活年齢は長じていくのに、発達のレベルは乳幼児相当ということで、いつまでも子ども扱いでした。子どもが思春期になって、外見が変わるのを可愛さがなくなるというばかりでなく、第2次性徴の発現によって、介護が面倒になるととらえていたようです。特有の親心と医学的な発想から、職員の介護負担を思いやり、優生手術や子宮摘出まで話題にするにいたります。今日なら人権侵害に当たるような、このような考え方を職員や保護者が受け入れたとは考え難いことでした。当時の社会には、知的障害者が結婚して、子どもを持つことは望ましくないという優生保護思想からくる差別観が根強くありましたが、小林の場合はあくまでも人手不足という施設の事情が根底にありました。

ある母親は職員から町の成人式に参加するのを勧められたことについて、「美しく成長した娘を隠してしまいたい」と複雑な心境を語っていました。どんな子どもにとっても、思春期は発達の危機といわれているほどにむずかしい時期ですが、「永遠の子ども」とみなしていたのです。重症児は青年期や成人期になっても、2歳以下の発達レベルで、顔にはあどけなさが残っていて、生活年齢に応じた処遇という視点に立つことはむずかしいことでした。とくに「動く重症児」には多くの問題が生じてきました。年長児（者）にたいするライフステージに応じた療育指針の作成に消極的だったことは、1960年代の島田療育園の弱点ではなかったかと考えられます。

小林は福祉について、福祉の問題は島田療育園という一施設だけでなく、社会全体が責任を負うべきものと考えていたことで、明治以来の伝統的な慈善事業を越えていましたが、精神主義的な福祉思想にとどまりました。社会福祉観の根底に、つぎの聖書のことばがありました。「わたしのきょうだいのなかの、最も小さい者のひとりにあなたがしたことは、わたしにしたことなのである」というイエスのことばです。重症児にキリストの姿をみていたのでしょう。そして、一施設での実践が社会全体の福祉につながるという考えでもあります。祈りと神との対話に裏づけられた福祉観は一般の人には理解困難なところがあるのでないかと思われます。

憲法や法律に言及することもありますが、法的に守られない状況で、施設を創立したこともあって、憲法があるからではなく、人間としてやらなければならないのが福祉であるという、法律に期待しない考えです。民間施設の特徴は法律に縛られず、福祉の心で運営できるところにあるというのでした。某国会議員の選挙の応援をすることになり、「私は子どもたちの命を守るために良心を売りました」と悲しみと苦悩の表情で語ったと伝えられています。もともと、権力嫌いなのに、施設の運営のために、政治家や行政に援助を求めなければならなかったことが、法律や行政に対する不信になった原因と考えられます。

小林を苦しめた人手不足や資金難、労使問題は当時のどの重症児施設でも多かれ少なかれ、起こっていることでした。社会に対して、福祉の心を求めるだけでは、解決のできない問題でした。

●びわこ学園

糸賀一雄は大学では宗教哲学を専攻したクリスチャンであり、恵まれない者への愛と共感は草野や小林と共通するものでした。重症児施設を作った3人のなかで、唯一、公務員であり、行政や教職の経験もあるという経歴の持ち主です。このような経歴が論理的で説得力のある視点や教育への志向に結びついたのではないかと思われます。1946年、近江学園が戦災孤児の施設として、糸賀らによって滋賀県大津市に創立されました。

しだいに知的障害児が多くなり、障害が重い子どもも入ってくるようになりました。近江学園は1948年に滋賀県立になりました。園長の糸賀は、公務員という立場を越えて、前例のない創造的な施設運営を行ないます。研究部をおき、京都大学の助手であった田中昌人を研究員として招き、研究に専念させたことは、公立施設としては大胆な発想でした。

近江学園には分校があって、学校教育が行なわれていました。重い知的障害児の療育から発達保障の理念を発展させて、就学猶予・免除の法的な壁を乗りこえ、公的教育の保障への道を切り開いていったのでした。田中と糸賀の発達保障の思想は福祉や教育関係者に多大な影響を及ぼしました。権利の保障を強調する思想は行政や学会、寄付の提供先からうとまれて、田中と糸賀は圧力や拒否にあいました。

知的障害児施設である近江学園に、とくに医療を必要とする障害の重い子どもたちを「杉の子組」として編成したのが1953年のことで、これが1963年の重症心身障害児施設びわこ学園開園の母体になったのでした。近江学園では医学と福祉の結合を当然のこととして、医学的な研究も行なわれていました。近江学園の園医であった岡崎英彦がびわこ学園初代園長になりました。

当時の知的障害児施設は就学の免除をされた子どもが通う場として作られたので、○○学園と称されていましたが、重症心身障害児施設をびわこ療育園でなく、びわこ学園と称したことに、近江学園から分離してもなお教育を志向した療育観が示唆されているように思われます。糸賀は島田療育園が肢体不自由児施設のタイプをめざしたのと異なり、知的障害児施設のような重症児施設を作ろうとしたのでした。

3人の先駆者に共通しているのはクリスチャンであること、弱き者、苦しむ者とともに生きるという共感と、法律もなく、社会には差別と偏見があるなかで、不可能を可能にした強い信念の持ち主であったことでした。１９６０年代に重症児療育の発展に大きな足跡を残した、３人の先駆者の福祉観や社会活動には違いよりも多くの共通点が見られると私は思います。

糸賀の有名な「この子らを世の光に」ということばはいまも、びわこ学園の方針として受け継がれています。「世の光」はキリスト教のことばです。「この子らに世の光を」ならば、救済と憐れみの呼びかけになりますが、子どもたちが世の光であるというのは、人間としての輝きを認め尊重することになります。「世の光」になるように、育てようということでもあります。私はびわこ学園を訪れた時に、初代園長の岡崎から「労働教育」ということばを聞いたのに驚き、島田療育園の療育とは違うという強い印象を持ちました。ここでいう労働とは、子どもたちが協力して石を運ぶ作業などをあらわしています。当時、注目されていたソ連のマカレンコの集団主義教育や日本における民間教育運動の実践に通じるものでした。

糸賀は小林と同じく、生活のすべてを福祉に打ち込み、多くの社会的活動や執筆をしました。１９６８年９月、持病をおして、滋賀県児童福祉施設等新任職員研修会で講義をしていて倒れたのでした。愛と信念につらぬかれた54年の壮絶な人生でした。１年前には周囲から仕事を止めるように言われていたほどの健康状態だったとのこと、本人も辞職を考えていた折の、命がけの講義だったのでした。急逝の衝撃的な知らせは島田療育園にもすぐに伝わり、数か月後、私たちは糸賀の最後の講義の録音をまとめた冊子『愛と共感の教育』を手にしたのでした。初心者を相手に、わかりやすいことばで、じゅんじゅんと説かれた講義内容は長年にわたる思索と実践の凝縮したものでした。

この講義の題は「施設における人間関係」というもので、私にはつぎのような内容がきわだって印象に残ったのでした。「子どもの人間としての健全な発達をどうしたら保障できるか」「子どもは権利の主体。生命の安全と情緒の安定が土台にあってこそ『療育』がある」「療育の中身をどう高めるかはこのつぎにくる問題である」「人間関係こそが人間の存在の根拠である」「生きるということは、社会的な存在として生きるということでなければならない」「人と人との間柄は共感の世界である」「人間的愛情が、教育的愛に高まっていくというのには接触の年月がかかります」「愛というものは、育つのです」などです。

つぎのことばは小林の見解と同じではないかと思われました。「先生の犠牲において子どもの幸せが守られるべきではありません。しかし、子どもたちの犠牲において先生の利益だけが守られるべきでもありません。子どもたちと先生たちとが忍びあいながら現状の中において最大の幸せをどうしたら実現できるかという、本当につらいけれども、そして常にこれは満足ではないけれども、その中で良きものを築き上げてゆこうとする、そういう謙虚な願いが、真剣な戦いがなければならないと思います。これが実現しないことには、子どもたちの本当の幸せはありません」。

県内児童福祉施設職員の研修会なので、障害児施設だけの課題ではありませんが、どの施設においても共通することとして、人と人との関係のなかで子どもが育つことが強調されたのでした。講義は仏教のことばである「無財の七施」をあげて、人間関係にある愛のかたちを説明されたあと、「この子らを世の光に」を最期のことばとされたのでした。施設の人間関係は「愛」であるという信念がうかがわれます。クリスチャンでありながら、仏教の思想もとりこむ柔軟さと近江学園での実践が根底にあることがうかがわれます。

収容的な、保護的な機能から脱皮して、新しい「療育」にとりくんでわが国の障害児福祉・教育をリードした「近江学園」と「びわこ学園」ですが、劣悪な物的環境と条件という現実の中での苦闘の実践でした。１９６８年当時、近江学園職員組合は、１人一日平均13時間労働、週80時間近い勤務で勤務時間内には休憩がとれないという実態を伝えています。創立当時の運営体制が引き継がれており、県立になっても職員の権利は保障されていないという、糸賀の思想とは矛盾するものでした。近江学園分校の教員は近江学園の児童指導員の業務を無償で兼務していて、福祉と教育が未分化であったのです。発達保障の芽生えである近江学園の実践は職員の無権利状態の中で行なわれていたのでした（『近江学園の実践記録—要求で育ちあう子ら』）。

横道にそれますが、糸賀は酒が好きで、酒を飲みながら考え、皆とわいわい議論することを好んだと伝えられています。壇上で倒れて亡くなる直前、一時意識を取り戻した際に「酒を飲めば治る」といったそうです。有能な人たちを育てた糸賀ですが、志を同じくする人たちとの対等な議論の積み重ねが思想の底にあったのではないかと思えるのです。糸賀は家族ぐるみで、園内に住み込んで園児たちと生活を共にしています。島田療育園の小林は調布市の自宅から電車とバスを乗り継いで通勤していて、公私を分けていました。ふたりの療育思想の違いは案外こういうところにも表われているようです。

●「東の小林提樹、西の糸賀一雄」

糸賀の著書のタイトルは『福祉の思想』、そして小林には『福祉の心』という著書があり、それぞれの題名に、考えの違いが表されています。２人の思想と実践はわが国のその後につづく障害児の福祉と教育の歩みに大きな影響を与えました。表１は２人の療育思想を対比させて、まとめたものです。

表1　療育から教育へ～重症心身障害児療育思想の背景

小林提樹	小児科医師として1938年（30歳）から、障害児の治療相談に当たり、生涯を障害児の医療と医学研究にささげた。わが国初の重症心身障害児施設島田療育園の初代園長として、その後に続く重症心身障害児施設建設のパイオニアの役割をはたした。 あらゆる障害児の家庭療育の相談と親指導にあたった。島田療育園は濃厚な医療管理を要する重症児を対象に構想されたが、「動く重症児」、「社会的重症児」、「幼若障害児」（小林のことば）も入っていた。 「第5の医学」を提唱。 〈命の尊重〉＝〈重症児が短い一生を幸福に生きられるよう、不幸な死にならないための療育〉 ○福祉の中に医療があった。 ○憲法―生存権の保障
糸賀一雄	小学校教員を経験、近江学園建設の協力者・池田太郎と田村一二は障害児教育の教師であった。33歳の若さで園長になる。 近江学園は養護施設と知的障害児の施設を兼ねていた。施設の中に分校があり、学校教育があった。研究部や医局を設け、発達や教育実践の研究が行なわれた。「全障研」初代委員長田中昌人もそのメンバーであった。近江学園の10年にわたる障害の重い子どもの療育経験がびわこ学園の療育の基礎になった。 びわこ学園の当初の構想では重い知的障害児（「動く重症児」）が対象であった。初代園長の岡崎英彦は近江学園の医師であった。 〈命の尊重〉＝〈教育を受ける権利の保障〉 ○福祉の中に教育があった。 ○憲法―生存権の保障、教育権の保障

よるべき法律もなく、財政的な基盤のない中で、前例のない重症児施設を作ったのは民間人でした。明治以来、保育の歴史もそうですが、福祉施設は民間の篤志家が困っている人たちの救済のために立ちあがり、そのあとを追って、公立施設ができるというように、民から公へという道をたどりました。それから、半世紀が過ぎ、今日では病弱・発育不完全を理由とする就学免除はほとんどなくなり、障害児の福祉と教育の現場ではさまざまな療育技法やプログラムが用いられるようになりました。今、子どもたちは幸せか、個人としての尊厳が守られているだろうか。そして、人間として発達するための条件整備は十分だろうかなど、歴史を振り返りながらあらためて考えたいものです。

重症児療育の黎明期である1960年代に行なわれた、顕微鏡で見るように、子どもの内面を見つめた素朴な療育実践のなかに、現代の障害児教育が忘れてしまった大切なことがあったのではないかと思うのです。若くて未熟だった職員が広く深い目で子どもたちを見つめていたことに原点があると言えるでしょう。

2　就学権の保障をめざして

●全国障害者問題研究会（全障研）の創立

1967（昭和42）年、全国障害者問題研究会（全障研）が発足しました。これはだれでも参加できる民間の研究会で、その理念は田中昌人と糸賀一雄の発達保障の思想にルーツを持ち、障害児の全員就学の実現に大きな役割を果たしました。

基本的視点は「障害者の権利を守り、発達を保障する」ということです。どの人も、かぎりなく人間発達の道を歩んでいく権利（発達権）を有する、発達の権利を保障するために、みんなの力で、実践、制度・施策などを発展させる取り組みをすすめる、そのとりくみのもとで、「発達とはなにか」「どうすれば発達を保障できるか」という問題を追究していくということになります。ここから、障害の重い子も学校へという理念が導かれ、就学を実現すべく運動が全国に広がって行ったのでした。保護者や教師はもとより、各地で障害児学級や養護学校をつくろうという住民運動になっていきました。

重症心身障害児の実態が社会に見えるようになり、可哀そうな子どもたちを救えという声の高まる時代に、子どもの権利保障を強調することによって、救済を目的にする福祉観の限界を超えるものになりました。障害が重いので、学校教育は不可能だから福祉施設へ収容すべきという世論と施策が進んでいる時期に、障害の重い子どもにあわせた学校をつくろうと考えたのでした。ここに、この研究会の創造的で科学的な発達観をみることができます。障害者問題を歴史や社会と関連づけてみていくこと（歴史性）と、発達を保障する条件を作って行くこと（実践性）、発達には、集団が必要であることなどです。

愛と救済を理念としていた島田療育園で仕事をしていて、療育の行きづまりを感じていた私には、全障研との出会いはまさに目がさめるような経験でした。ここには、多くの児童心理学の理論を越える新しい発達観がありました。全国集会で、驚いたのは、参加者がいわゆる研究者だけでなく、障害者、保護者、福祉や教育、医学、司法などの多様な分野の人たちであり、障害の種別や程度にかかわらず、どんな問題もとりくむこと、個別のこともみんなの願いとしてとらえることなど、私がそれまで持っていた研究会や学会のイメージと異なるものでした。

ボランティアとともに遠方から参加し、車イスどころか、ストレッチャーに横になったままで、ステージのすぐそばで熱心に聞き入る障害者の姿に心を揺さぶられたものでした。

障害者問題は全ての人にかかわる問題であること、研究の主体は障害者自身であることを教えられました。

今日、障害児療育は効率を要求されて、訓練至上主義と成果主義になっている印象を受けます。外から見える成果が要求されるので、数値化できる到達目標に合う行動が教育内容に取り上げられるという傾向があります。発達保障の考え方はそのような傾向を批判し、子どもの内面を理解して、子どもの育つ環境として、集団や文化を大事にします。環境をよりよいものに変えていくことも必要です。教育では、障害だけでなく、生活や集団を大事にし、文化の伝承を重視します。

●養護学校義務制をめぐって

１９７９（昭和54）年の養護学校教育義務制スタートにより、すべての障害児の就学が実現しました。教師たちは「おむつを替えるのも教育である」というように、意識を変えることが必要でした。

重症児教育については参考書もない時代で、大学に特殊教育（障害児教育）の教員養成の課程はありましたが、重症児（重度・重複障害児）教育の講義はありませんでした。カリキュラムに異常児教育という用語がありました。乳幼児心理学も十分に学んでいない教師が重症児教育を行なう困難を私は思いました。発達段階2歳以下の子どもを小・中学の教師が教えるのです。文字を使わない教育をどう作って行くのか、進歩の遅さにむなしさを感じる先生もいるのではないか、教科を教えられない中学の教師は辛くないだろうかと私は心配しました。現在の養護学校の教師にはこのような悩みはないと聞きました。

島田療育園を退職したある看護婦が、養護学校に勤めたのですが「島田では、子どもを見てから、方針を立てたのに、学校は入学前に目標や方針を作るのですね」と驚いていました。自らも教師である、ある父親は重症の脳性まひの娘に、養護学校の先生が「勉強しましょう」と声をかけてくれたことに感激していました。学校というのは、こんな障害の重い子どもも教育するということに感動したというのです。

私は島田療育園での経験から、施設でも、保母や児童指導員が教育できると思っていましたが、学校と福祉施設では専門性や文化が違い、基本的な考え方もずいぶん違います。発達のレベルに関係なく、学齢になったら、学校教育を受けることが、権利の保障であるということを納得したのでした。わが国では、学齢期の子どもを、年齢よりも学年で表すのが通例です。不就学児は自分のことを、何歳よりも、何年と言いたかったのです。養護学校の人手や予算的なうらづけは福祉よりも豊かです。学校教育を行なうためには、医療も福祉も連動して整備されていきました。近江学園という福祉施設における実践から生まれた発達保障、教育の権利の思想は障害児教育に影響を与え、しだいに学校現場に広がって行きました。今では、教育内容や方法も蓄積され、参考書も多数、発行されています。

表2は小林と糸賀を中心にして、重症児の福祉と教育の歩みをまとめたものです。わが国の重症児療育、あるいは重度・重複障害児教育は二人の対照的な療育観がたがいに拮抗、影響しあって発展したと考えられます。

表2　重症心身障害児の福祉と教育の変遷

	小林提樹	糸賀一雄	備考
1935	1908（明41）出生〈大学生の時、病気で休学、キリスト教に帰依。教会学校で子どもと親しみ、小児科を志す〉 1935（昭10）27歳　慶応義塾大学医学部卒業、同小児科教室助手	1914（大3）出生	1932（昭7）田中昌人出生

	１９４０	１９４５	
	１９３８（昭和13）30歳　慶応義塾大学医学部に小児精神衛生相談室を開設、以後、障害児の治療相談に傾倒する １９４０（昭和15）32歳　長男生後35日で死去、障害児にさらに専念	１９４１（昭和16）33歳　軍医として召集（満州↓沖縄↓台湾）	１９４６（昭和21）38歳　日本に帰還、日赤産院小児科部長 １９４８（昭和23）40歳　慶応義塾大学医学部講師（～１
	１９３８（昭和13）24歳　京都帝国大学文学部哲学科卒業　小学校代用教員、池田太郎と出会う １９３９（昭和14）25歳　召集、病気のため解除（2年後再度召集を受けるが解除） １９４０（昭和15）26歳　滋賀県庁奉職、秘書課長など歴任	１９４３（昭和18）29歳　小学校で障害児教育をしていた田村一二と出会う	１９４６（昭和21）32歳　近江学園創設、園長になる 〈岡崎英彦医師も加わる〉 〈１９４８（昭和23）近江学園は県立になる。児童福祉法に
		１９４１（昭和16）太平洋戦争始まる １９４５（昭和20）第二次世界大戦終結	１９４７（昭和22）日本国憲法、児童福祉法公布 １９４８（昭和23）「児童福祉施設最低基準」公布

1950	1955
970）、同大にて小児精神衛生相談再開（週2回、～1970） 日赤産院乳児院を設立し、乳児院長を兼任（～1970） 学位授与 1950（昭25）42歳　日赤産院小児科2Fに特別病棟を開設（常時20～25人の障害児が特別病棟と乳児院に入院）、日赤産院小児科でも精神衛生相談を開始し週2回、障害児の相談にあたる。 〈島田伊三郎の長男良夫が慶応病院で小林を受診〉	
基づく養護兼精神薄弱施設〉	〈1953（昭28）近江学園に、重複障害児のために「杉の子組」編成〉
施行（職員定数　児童指導員・保母7対1）	

1960	1965
〈1956（昭31）島田伊三郎施設建設を申し出る〉 〈1959（昭34）近江学園の園児だった島田良夫不慮の事故死〉 〈1959（昭34）島田伊三郎より土地が寄贈される〉 1960（昭35）52歳　小児精神神経学研究会開設	1961（昭36）53歳　島田療育園開設、園長になる
〈1956（昭31）田中昌人大津市立南郷中学校近江学園分校教諭〉	1963（昭38）重症心身障害児施設びわこ学園開設
〈1958（昭33）草野熊吉　秋津療育園開設〉 1958（昭33）「重症心身障害児」の名称が公認 〈1960（昭35）厚生省、島田療育園は病院形態とすると指示〉	1963（昭38）サリドマイド事件発生、厚生省、実態調査 1964（昭39）秋津療育園重症児施設認可 1964（昭39）精神薄弱児施設の保母・児童指導員の定数6対1

	1970
〈1973（昭48）島田療育園腰痛問題で争議〉 1974（昭49）66歳　島田療育園園長を辞任	
	1968（昭43）54歳　糸賀監修の療育映画『夜明け前の子どもたち』完成 1968（昭43）死去（54歳）
	1966（昭41）精神薄弱児施設の保母・児童指導員の定数5対1 1966（昭41）国立療養所に重症心身障害児（者）の委託病棟設置 1967（昭42）児童福祉法の一部改正、重症心身障害児に法の適用 1967（昭42）全国障害者問題研究会発足、田中昌人全国委員長 1970（昭45）田中昌人京都大学へ

1975	〈1974（昭49）多摩三小から教師派遣され訪問教育開始〉 1975（昭50）重症心身障害研究会を創設		1974（昭49）東京都希望者全員就学実施
1980	1977（昭52）69歳　大妻女子大教授 〈1979（昭54）就学児東京都立町田養護学校に転籍〉		1979（昭54）養護学校教育義務制
	1993（平5）死去（84歳）		

●2014年・訪問教育の一例

現在、重症児はどんな生活をして、学校教育を受けているのか、O養護学校訪問学級の先生に教えてもらいました。中学生のMさんには、昔の重症児施設では見られなかったほどの重い障害がありますが、自宅で生活しています。気管切開、人工呼吸器、胃ろう、痰の吸引と濃厚な医療管理の下にありますが、健康状態は比較的安定していて、これらの医療的ケアは家族が担っています。医療は定期的に地域の病院で受けています。利用している福祉サービスはデイサービスでの入浴、自宅でヘルパー、訪問看護です。

授業は自宅に教師が訪問して、週1回2時間実施しています。授業の流れはつぎのようです。

（1）体調確認、保護者と懇談
（2）はじめの会
あいさつ、名前呼び、カレンダーワーク、今日の学習（具体物で提示）
（3）授業
マッサージ、音楽（歌、器楽、手遊び）、絵本（エプロンシアター、パネルシアター、大型絵本、しかけ絵本なども含む）、作品つくり、ゲーム大会（ボーリング、釣り、的あてなど）、行事の練習、調理実習など
（4）おわりの会
次回の連絡、あいさつ

行事は、3～4人の教師で行なっています。入学式などの式行事には校長、教頭も参加

して行なわれます。学習発表会、運動会も在宅で、生徒はMさんだけで行ないます。外出行事は、在校生と交流する合同学習、訪問学級で行なう校外学習、見学旅行などです。

授業は自宅での個別指導が中心ですが、本校の授業や行事と同様の内容です。Mさんはすこし動かせる手の指に、物を持たせてもらうなど、教師の介助で授業に参加しています。お天気調べでは雨の時は水でぬらした絵カードを指に挟んでもらい、調理実習では教師に手を添えてもらって、ケーキの上に字を書きます。教師は口や目のわずかな動きから、この子の感情や意志を読みとって対応しています。本当に理解しているのかではなく、なんとなく分かっている感じを大切にします。医学的診断では視聴覚の障害もあるというのですが、介護者には見えているし、聞こえていると感じられるそうです。笑顔にはならないけれど、喜んでいるときは目がパッチリするなど、表情の微妙な変化から分かると言います。教師や周りの変化に敏感で、教師が忘れ物をしてあわてているなどが分かる様子です。人の区別もできて、校長先生が大好きです。好きなことはシーツブランコや音楽で、出かけるのも大好きです。自宅が教室ですが、運動会なら運動会らしく見事な環境構成がなされて、運動会を体験できるように工夫されています。創意ある手づくりの教材教具に、教師の専門性と文化を感じることができます。

この養護学校には作業療法士１人と看護師４人が配置されているので、障害が重くても通学できるようになっていますが、外出には、保護者にかかる、準備や移動の負担が大きいため、今は通学が困難であるということです。友だちといっしょに学習することのメリットが大きいことや、保護者にとっても負担が軽減されるので、さらに通学できる環境を整えていく必要があるということでした。50年前に比べたら、目を見張るような医療の進歩であり、地域に在宅を支える支援のシステムができていますが、移動保障がないので、保護者の心身の負担が大きく、教育の権利の保障は充分とはいえません。どんなに障害が重くても、子どもも家族も、あたりまえの人生が送れるようになるためには、まだまだ、多くの課題が残されています。

おわりに

小林提樹は障害児医療の先駆者で、島田療育園は医療色が強く、子どもたちは患児で死を待つばかりと誤解されることが少なからずありました。児童指導員たちは秋津療育園やびわこ学園の児童指導員と交流をしていて、療育の向上に努力しました。また、糸賀らの発達保障を学んでいました。児童指導員の立場から当時の療育実践を書き残しておきたいというのが本書の目的でした。

現島田療育センター院長の木実谷哲史は１９９５年に赴任して、初代園長小林提樹の足跡がセンターのなかで語り継がれていないことを強く感じたといいます。創立40周年を前にして、小林の顕彰事業が企画され、私は参加申し込み用紙につぎのような文を添えました。

（略）退職して30年になりますが、私の社会人としての最初の職場、未熟な自分を思い出すのが恥ずかしいですが、島田で育てていただいたことを感謝しております。その後、沢山の方々との出会いがありましたが、小林先生ほど強力な印象、影響を与えて下さった方は他におられません。レリーフ制作の過程でわが国の障害児教育の歩み、そして島田の果たした先導的な役割を改めて確認されることでしょう。わずか5年でしたが、私もその歩みにご一緒できたことを誇りに思います。（略）

事業の趣意書や記念パンフレットのなかには、つぎの歌が載せてありました。

重症心身障害児／その語なかりし／国にして／人たり医師たり／小林提樹
須藤　ゆり（昭和62年7月11日　朝日歌壇）

2001年1月、「小林提樹先生のレリーフ完成を祝う会」が全国からゆかりの人たちを集めて、盛大に催されました。記念レリーフは「先生と子どもたち」というテーマで、3人の子どもと小林の心が通いあう往時の情景を彷彿させられるものでした。建物は新しく立派になって、昔日のおもかげはまったくありません。私は教室を見つけて、感慨無量でした。園の周囲は住宅地となり、近くに電車の駅があり、便利になりました。1960

年代のあの頃、多摩ニュータウン計画は話に聞いても、私の退職の時は農村風景だったので、見知らぬ町のようでした。島田療育センターは文字通り、地域の障害児療育の総合的なセンターとして、多様な役割を果たしています。黎明期にわずか5年の勤務でしたが、この施設の歴史とともに歩んだという喜びがわきあがったのでした。

創立以来、約50年過ぎて、あの3つの重症児施設は大きな変貌を遂げました。今では、総合的な障害児者の医療・福祉センターとして、多種類の専門職員を有して、多様なニーズにこたえる療育や支援が行なわれています。他の重症児施設と同じく、島田療育センターの利用者の平均年齢は今や40歳を超えて、還暦のお祝いをするほどになりました。職員も20年、30年という長期間、勤務しています。若い職員たちが重症児の命の尊厳を守り、短い一生を幸福にしたいと試行錯誤し、全力を尽くしたあの時代は本当に遠くなりました。

1960年代に比し、医療・福祉・教育は驚くべき進歩を遂げ、差別や偏見もかなりなくなりました。しかしながら、障害児の福祉と教育は国の政治、財政事情の影響をもろに受けて、現在、福祉の後退が懸念されています。支援の制度やシステムはできましたが、問題はいっそう複雑になっています。

1960年代に日本ではじめて心臓移植が行なわれましたが、その後の医療の進歩は臓器移植や脳死判定、出生前診断など当時は想像の出来なかったことが可能になっています。治療方法を複数の選択肢から親が決定しなければならない時代になり、命の尊厳をどう考えるかは今こそ重要な課題であると思われます。半世紀前に、前人未到の重症児の世界に挑んだ先人たち、そして、ともに歩んだ無名の人たちが挑戦した療育から、何を学ばなければならないかが問われます。

子どもに合わせた学校がほしいという国民的な運動が養護学校義務制を実現させました。しかし、現在、ほんとうに教育の権利が保障されて、教育機会が平等になったと言えるでしょうか。全国小中学生の不登校約12万人という現実に、あらたな就学免除がありはしないかと不安になります。

２０１４年、日本はようやく障害者権利条約を批准しました。重症児が幸せに生きる社会であるよう願いつつ、この書を終わりたいと思います。

執筆を勧めてくださった二通諭さん（元全障研北海道支部事務局長、札幌学院大学）と島田療育園旧職員の方々に貴重なアドバイスをいただきました。大月書店の経験ゆたかな松原忍さんに編集をお願いできて、ほんとうに幸いでした。深く、感謝いたします。

２０１４年10月　　明神　もと子

参考（引用）文献

秋津療育園『われよわくとも―秋津療育園25年のあゆみ』秋津療育園　1983

朝日新聞学芸家庭部編『おんもに出たい』雪華社　1967

糸賀一雄『福祉の思想』日本放送出版協会　1968

稲田　薫『小林提樹先生のこと―彼は重症児（者）のために立ち上がり、道を切り拓いた―』小林提樹先生顕彰事業推進会　1999

片山達夫・石川富子・佐藤もと子・石川スミ「重症心身障害児におけるしつけの問題点」『小児の精神と神経』第7巻　第2号　1967

粟屋　豊『「障害児医療」40年』悠飛社　2010

糸賀一雄『愛と共感の教育　最期の講義』まみず新書19　柏樹社　1969

小沢　浩『愛することからはじめよう　小林提樹と島田療育園の歩み』大月書店　2011

京極高宣『この子らを世の光に　糸賀一雄の思想と生涯』日本放送出版協会　2001

國森康弘・日浦美智江・中村隆一・大塚晃・社会福祉法人　びわこ学園編著『生きることが光になる―重症児者福祉と入所施設の将来を考える』クリエイツかもがわ　2014

小林提樹『自閉性精神薄弱児　その生活記録と指導』福村出版　1966（「元ちゃんとともに」非売品）

小林提樹『療育家庭指導シリーズ（1）自閉性精神薄弱児の家庭指導―Yちゃんの場合―』財団法人三越厚生事業団　1970

小林提樹『福祉の心』1975（非売品）

小林提樹編著『大人になった障害児』メジカルフレンド社　1991

佐藤もと子　「重症心身障害児療育の諸問題」『東北大学教育学部研究年報』第19集　1971
佐藤もと子　「重症心身障害児の施設入園後の追跡」『小児の精神と神経』第12巻　第3号　1972
島田療育園　『重症心身障害児のケーススタデー』島田療育園　1967
島田療育園　『在園児に関する資料』昭和44年10月　1969
島田療育園　『島田療育園のあゆみ』No.4—1968〜69　1970
島田療育センター　『愛はすべてをおおう　小林提樹と島田療育園の誕生』中央法規出版　2003
島村菜津　『生きる場所のつくりかた　新得・協働学舎の挑戦』家の光協会　2013
荘田智彦　『同行者たち—「重症児施設」島田療育園の20年』千書房　1983
白井のり子　『典子44歳—いま、伝えたい「典子は、今」あれから25年』光文社　2006
高谷　清　『異質の光—糸賀一雄の魂と思想』大月書店　2005
高谷　清　『重い障害を生きるということ』岩波新書　2011
武田隆子　詩集『私が生きるように』1975（非売品）
田中農夫男編　『心身障害児の心理』福村出版　1980
田中美紀子他　『あおいそら』1971（非売品）
丹羽正治　『福祉のこころ』文芸社　2003
平沢正夫　『あざらしっ子』三一書房　1965
藤原陽子　『おばこ天使—ある青春　重症児と共に生きる』文芸市場社　1967
増山元三郎編　『サリドマイド』東京大学出版会　1971
三木裕和・越野和之・障害児教育の教育目標・教育評価研究会　『障害のある子どもの教育目標・教育評価
重症児を中心に』クリエイツかもがわ　1971

水上　勉　『くるま椅子の歌』中央公論社　１９６７
「要求で育ちあう子ら」編集委員会（田中昌人監修）『近江学園の実践記録　要求で育ちあう子ら―発達保障の芽生え』大月書店　２００７
矢川徳光　『教育とはなにか』新日本新書　新日本出版社　１９７２
吉森こずえ　『旅立とう、いま―こずえさん20歳の青春』日本放送出版協会　１９８１

著者

明神もと子

（みょうじん・もとこ※旧姓、佐藤）1941年生まれ。東北大学大学院教育学研究科修士課程修了。島田療育園児童指導員、東北大学、帯広大谷短期大学を経て、1974年北海道教育大学釧路校。2006年北海道教育大学名誉教授、現在、帯広大谷短期大学教授（嘱託）。専門、発達心理学、障害児心理学。日本子どもの虐待防止学会会員、日本全国障害者問題研究会会員。主な著書『教師の「体験」活動』（共著）東洋館出版社1998。『はじめて学ぶヴィゴツキー心理学』（編著）新読書社2012。『十勝子ども白書2013』（編著）十勝まちづくり研究会2013。

装幀　守谷義明＋六月舎
DTP　編集工房一生社

どんなに障害が重くとも——1960年代・島田療育園の挑戦

2015年1月20日　第1刷発行

定価はカバーに表示してあります

◉著　者——明神もと子
◉発行者——中川　進
◉発行所——株式会社　大月書店
〒113-0033　東京都文京区本郷2-11-9
電話（代表）03-3813-4651
振替00130-7-16387・FAX03-3813-4656
http://www.otsukishoten.co.jp/
◉印刷——三晃印刷
◉製本——中永製本

ISBN978-4-272-36083-3　C0036